Questões fundamentais
da sociologia

Nova Biblioteca de Ciências Sociais
diretor: Celso Castro

Teoria das elites
Cristina Buarque de Hollanda

A política nos quartéis
Maud Chirio

Cultura e personalidade
Margaret Mead, Ruth Benedict e Edward Sapir

Eleições no Brasil
Jairo Nicolau

Teoria social
William Outwaite

Jango e o golpe de 1964 na caricatura
Rodrigo Patto Sá Motta

Questões fundamentais da sociologia
Georg Simmel

O mundo pós-ocidental
Oliver Stuenkel

Sobre o artesanato intelectual e outros ensaios
C. Wright Mills

Georg Simmel

Questões fundamentais da sociologia

Indivíduo e sociedade

7ª reimpressão

ZAHAR

Copyright © 2006 by Editora Zahar

Grafia atualizada segundo o Acordo Ortográfico da Língua Portuguesa de 1990, que entrou em vigor no Brasil em 2009.

Título original
Grundfragen der Soziologie: Individuum und Gesellschaft

Capa
Sérgio Campante

Tradução
Pedro Caldas

Preparação de texto
Angela Ramalho Vianna

Revisão técnica
Celso Castro

CIP-Brasil. Catalogação na publicação
Sindicato Nacional dos Editores de Livros, RJ

       Simmel, Georg, 1858-1918
S611q   Questões fundamentais da sociologia: indivíduo e socieda-
de / Georg Simmel; tradução Pedro Caldas. – 1ª ed. – Rio de
Janeiro: Zahar, 2006.
          (Nova biblioteca de ciências sociais)

    Tradução de: Grundfragen der Soziologie: (Individuum
und Gesellschaft).
    ISBN 978-85-7110-963-6

    1. Sociologia. I. Título. II. Série.
                               CDD: 301
06-3963   CDU: 316

[2021]
Todos os direitos desta edição reservados à
EDITORA SCHWARCZ S.A.
Praça Floriano, 19, sala 3001 – Cinelândia
20031-050 – Rio de Janeiro – RJ
Telefone: (21) 3993-7510
www.companhiadasletras.com.br
www.blogdacompanhia.com.br
facebook.com/editorazahar
instagram.com/editorazahar
twitter.com/editorazahar

Sumário

1. O âmbito da sociologia ■ *7*

A sociedade e o conhecimento da sociedade ■ *8*

O caráter abstrato da sociologia ■ *19*

A sociologia como método ■ *21*

Os principais problemas da sociologia ■ *26*

**2. O nível social e o nível individual
(Exemplo de sociologia geral)** ■ *39*

As determinações do grupo e as hesitações do indivíduo ■ *40*

O indivíduo e seu pertencimento grupal ■ *42*

Apreço pelo antigo e apreço pelo novo ■ *43*

O significado sociológico da semelhança e da diferença
entre indivíduos ■ *45*

A superioridade do indivíduo sobre a massa ■ *47*

A simplicidade e o radicalismo da massa ■ *50*

A emotividade da massa e da atração da massa ■ *51*

O nível da sociedade como aproximação do nível comum
inferior de seus integrantes ■ *54*

3. A SOCIABILIDADE
(Exemplo de sociologia pura ou formal) ■ *59*

Conteúdos (materiais) *versus* formas de vida social ■ *59*

A autonomização dos conteúdos ■ *61*

A sociabilidade como forma autônoma ou forma lúdica da sociação ■ *63*

4. INDIVÍDUO E SOCIEDADE NAS
CONCEPÇÕES DE VIDA DOS SÉCULOS XVIII E XIX
(Exemplo de sociologia filosófica) ■ *83*

A vida individual como base do conflito entre o
indivíduo e a sociedade ■ *83*

Egoísmo individual *versus* autoperfeição individual
como valor objetivo ■ *85*

O social *versus* o humano ■ *87*

O século XVIII ■ *91*

O século XIX ■ *103*

Nota sobre esta edição ■ *119*

1 —

O âmbito da sociologia

A tarefa de apontar diretrizes para a ciência da sociologia encontra a primeira dificuldade em sua pretensão ao título de ciência, uma vez que essa pretensão não está, de maneira alguma, isenta de controvérsias. Mesmo quando o título lhe é atribuído, dissemina-se, a respeito de seu conteúdo e seus objetivos, um caos de opiniões cujas contradições e pontos obscuros sempre alimentam a dúvida para saber se a sociologia tem a ver com um questionamento cientificamente legítimo.

A falta de uma definição indiscutível e segura poderia ser contornada se ao menos existisse um conjunto de problemas singulares, que, deixados de lado por outras ciências, ou por estas ainda não esgotados, tivesse o fato ou o conceito de "sociedade" como um elemento a partir do qual tais problemas possuíssem um ponto nodal em comum. Se esses problemas singulares fossem tão diversos em seus outros conteúdos, direcionamentos e encaminhamentos a ponto de não se poder tratá-los adequa-

8 Questões fundamentais da sociologia

damente como uma ciência unificada, o conceito de sociologia lhes propiciaria uma pousada provisória. Assim, ao menos ficaria evidentemente estabelecido onde deveriam ser procurados – do mesmo modo como o conceito de "técnica" é perfeitamente legítimo para um domínio gigantesco de tarefas que, sob esse nome, partilham entre si um traço comum, sem que todavia o conceito possa ser de muito auxílio na compreensão e solução de problemas específicos.

— A sociedade e o conhecimento da sociedade

Mesmo essa precária articulação entre problemas diversos, que, ainda assim, prometeria encontrar uma unidade em uma camada mais profunda, parece se despedaçar quando lida com a problemática do único conceito que poderia servir de conexão entre tais problemas: a saber, o conceito de sociedade. Despedaça-se, pois, na problemática para a qual toda refutação da sociologia, em princípio, gostaria de se fazer valer. Estranhamente, as provas dessas refutações foram articuladas tanto a partir da atenuação da sociedade quanto de sua conotação exagerada. Sempre ouvimos dizer que toda existência deve ser atribuída exclusivamente aos indivíduos, às suas realizações e vivências. Assim, a "sociedade" seria uma abstração indispensável para fins práticos, altamente útil também para uma síntese provisória dos fenômenos, mas não um objeto real que exista para além dos seres individuais e dos processos que eles vivem. Caso cada um desses processos seja investigado em suas determinações naturais e históricas, não restaria mais qualquer objeto real para uma ciência específica.

Se, para a primeira crítica, a sociedade significa muito pouco, para a outra, seu significado torna-se abrangente demais para estabelecer uma região científica. Tudo o que os seres humanos são e fazem, afirma essa crítica, ocorre dentro da sociedade, é por ela determinado e constitui parte de sua vida. Não haveria, sobretudo, qualquer ciência dos temas humanos que não fosse uma ciência da sociedade. No lugar das ciências particulares artificialmente isoladas entre si – ciências de tipo histórico, psicológico e normativo –, seria preciso introduzir uma ciência da sociedade que, em sua unidade, trouxesse à tona a convergência de todos os interesses, conteúdos e processos humanos, por meio da sociação em unidades concretas. É evidente, porém, que essa crítica – que tudo atribui à sociologia – rouba-lhe qualquer determinação, tanto quanto aquela que nada lhe desejava atribuir. Posto que a ciência do direito, a filologia, a ciência da política e da literatura, a psicologia, a teologia e todas as outras que dividiram entre si a região do humano almejam prosseguir com sua existência própria, nada se ganharia caso todas fossem atiradas em um mesmo recipiente sobre o qual se estamparia uma nova etiqueta: sociologia.

A ciência da sociedade, ao contrário das outras bem-fundamentadas ciências, se encontra na desconfortável situação na qual precisa, em primeiro lugar, demonstrar seu direito à existência – ainda que certamente esteja na situação confortável em que essa justificativa será conduzida por meio do esclarecimento necessário sobre seus conceitos fundamentais e sobre seus questionamentos específicos perante a realidade dada.

Em primeiro lugar, constitui um equívoco a respeito da essência da ciência – a partir da qual somente por intermédio de "indivíduos" poderíamos supostamente deduzir toda existência real – concluir que cada conhecimento, no que diz respeito às suas sínteses, tome para si como objeto abstrações especulativas e irrealidades. Nosso pensamento tende *quase sempre* a sintetizar tanto mais os dados como constructos (*Gebilde*) que como objetos científicos que tais imagens não encontram uma correspondência no real imediato.

Ninguém se intimida ao falar, por exemplo, do desenvolvimento do estilo gótico, ainda que não exista em lugar algum um estilo gótico como existência demonstrável, mas sim obras isoladas nas quais os elementos estilísticos não se encontram evidentemente separados dos elementos individuais. O estilo gótico, como objeto coerente do conhecimento histórico, é um constructo intelectual proveniente da realidade, mas não é em si uma realidade imediata. Por incontáveis vezes não queremos saber como se comportam coisas individuais, mas sim, a partir delas, formar uma unidade nova, coletiva, da mesma maneira que, ao investigar o estilo gótico em suas leis e em seu desenvolvimento, não estamos a descrever uma catedral ou um palácio, por mais que tenhamos retirado de tais singularidades a matéria para a unidade investigada.

Da mesma maneira perguntamos como "os gregos" e "os persas" se comportaram na batalha de Maratona. Se estivesse correta a concepção de que a realidade somente pode ser reconhecida nos indivíduos, então o conhecimento histórico só atingiria o seu objetivo se conhecesse o comportamento de cada grego e cada persa em particular, e assim toda a história de sua vida tornaria psicologicamente compreensível seu comportamento na batalha. Cumprir essa ambição fantástica não bastaria, porém, para satisfazer nossos questionamentos, pois o objeto destes não é esta ou aquela singularidade, mas sim os gregos e os persas – evidentemente uma construção inteiramente diversa, que vem à tona por meio de certa síntese intelectual, e não por intermédio da observação de indivíduos considerados isoladamente. Seguramente cada um desses indivíduos tem seu comportamento conduzido por um outro, cujo desenvolvimento é de algum modo diferente, e provavelmente nenhum se comporta exatamente como o outro; em nenhum indivíduo se encontram postos, lado a lado, o elemento que o iguala e o elemento que o separa dos demais; ambos os elementos constroem a unidade indivisível da vida pessoal. É a partir deste conceito, todavia, que formamos a unidade mais elevada, a saber, os gregos e os persas. Mesmo a reflexão mais descuidada mostra que, com tais conceitos, podemos nos lançar constantemente às existências individuais.

Se somente as existências individuais fossem "verdadeiras", e quiséssemos descartar de nossa área de conhecimento todos os novos constructos intelectuais, ela se privaria de sua substância mais legítima e inquestionável. Mesmo a afirmação recorrente de que só há *indivíduos* humanos, e que por este motivo somente estes seriam objetos concretos de uma ciência, não nos pode impedir de falar da história do catolicismo, da social-democracia, dos Estados, dos impérios, do movimento feminista, da situação da manufatura e ainda de outros milhares de fenômenos conjuntos e formas coletivas, inclusive da própria "sociedade". Assim formulada, a "sociedade" é certamente um conceito abstrato, mas cada um dos incontáveis agrupamentos e configurações englobados em tal conceito é um objeto a ser investigado e digno de ser pesquisado, e de maneira alguma podem ser constituídos pela particularidade das formas individuais de existência.

Mas isso ainda poderia denotar uma imperfeição de nosso conhecimento, uma imperfeição transitória inevitável que faria que nosso conhecimento tivesse de procurar sua plenitude, seja esta alcançável ou não, nos indivíduos entendidos como existências concretas definidas. Todavia, a rigor, os indivíduos também não são os elementos últimos, os "átomos" do mundo humano. A unidade efetiva e possivelmente indissolúvel que se traduz no conceito de "indivíduo" não é de toda maneira um objeto do conhecimento, mas somente um objeto da vivência; o modo pelo qual cada um sabe da unidade de si mesmo e do outro não é comparável a qualquer outra forma de saber.

O que cientificamente conhecemos no ser humano são traços individuais e singulares, que talvez se apresentem uma única vez, talvez mesmo em situação de influência recíproca, e em cada caso exige uma percepção e dedução relativamente independentes. Essa dedução importa, em cada indivíduo, na consideração de inúmeros fatores de natureza física, cultural e pessoal que surgem de todos os lados, alcançando distâncias temporais incalculáveis. É apenas à medida que nos isolamos e compreendemos tais elementos – que os reduzimos a elementos mais simples, profundos e distanciados – que nos aproximamos do que realmente é "último", real e rigorosamente fundamental para qualquer síntese espiritual de ordem mais profunda. Para esse modo de observação, o que "existe" são as moléculas cromáticas, as letras e as gotas d'água; e assim a pintura, o livro e o rio são sínteses que existem como unidade somente em uma consciência na qual os elementos se encontram. Evidentemente, porém, esses supostos elementos também são constructos extremamente complexos.

E se então a realidade verdadeira corresponde somente às unidades últimas, e não aos fenômenos nos quais essas unidades encontram uma *forma* – e toda forma, que é sempre uma articulação estabelecida por um sujeito articulador –, torna-se patente que a realidade a ser conhecida se nos escapa rumo à total incompreensão. A linha divisória que culmina no "indivíduo" também é um corte totalmente arbitrário, uma vez que o "indivíduo", para a análise ininterrupta, apresenta-se necessariamente como uma composição de qualidades, destinos, forças e desdobramentos históricos específicos que, em relação a ele, são realidades elementares tanto quanto os indivíduos são elementares em relação à "sociedade".

Assim, ao remeter ao infinito e buscar o inatingível, o suposto realismo que tal crítica procura contrapor ao conceito de sociedade – e, portanto, ao conceito de sociologia – faz com que qualquer realidade cognoscível desapareça. Na verdade, o conhecimento precisa ser compreendido segundo um princípio estrutural totalmente diferente, segundo um princípio que, partindo do complexo de fenômenos que aparentemente constitui uma unidade, dele retire um grande número de variados objetos do conhecimento específicos – com especificidades que não impeçam o reconhecimento desses objetos de maneira definitiva e unitária. Pode-se caracterizar melhor esse princípio com o símbolo das diferentes *distâncias* que o espírito se coloca em relação ao complexo de fenômenos. É nelas que se insere o espírito. Quando vemos um objeto tridimensional que esteja a dois, cinco, dez metros distante, temos uma imagem diferente a cada vez, e, a cada vez, uma imagem que estará "correta" a seu modo e somente nesse modo, e é também no escopo desse modo que se cria margem para equívocos.

14 Questões fundamentais da sociologia

Por exemplo, se o detalhe de um quadro observado minuciosamente tal como é visto com a maior proximidade óptica possível for submetido posteriormente a um exame que corresponda a uma distância de alguns metros, essa última perspectiva seria considerada totalmente equivocada e falseada – por mais que, partindo de conceitos superficiais, tomássemos tal exame detalhado como "mais verdadeiro" do que o produzido pela imagem distanciada. Só que a observação extremamente aproximada também guarda alguma distância, cujos limites subjacentes não podem, todavia, ser estabelecidos. A imagem obtida a partir de uma distância, qualquer que seja ela, tem sua própria legitimidade e não pode ser substituída ou corrigida por outra de origem diversa. Ao nos aproximarmos de certa dimensão da existência humana, podemos ver precisamente como cada indivíduo se desvincula dos demais; assumindo um ponto de vista mais distanciado, percebemos o indivíduo enquanto tal desaparecer e, em seu lugar, se nos revelar a imagem de uma "sociedade" com suas formas e cores próprias, imagem que surge com a possibilidade de ser conhecida com maior ou menor precisão, mas que de modo algum terá menor valor que a imagem na qual as partes se separam umas das outras, ou ainda da imagem na qual serve apenas como estudo preliminar das "partes". A diferença existente é somente aquela que se dá entre os diversos propósitos de conhecimento, os quais correspondem a diferentes posições de distanciamento.

A legitimidade da independência da perspectiva sociológica diante do fato de que todo evento real só se produz em seres individuais poderia ser justificada de modo ainda mais radical. Nem por um momento é correto pensar que poderíamos compreender a realidade imediata por meio do conhecimento de séries de fenômenos *individuais*. Essa realidade é dada, em um primeiro momento, como um complexo de imagens, como uma superfície de fenômenos continuamente justapostos. Se articularmos essa existência (*Dasein*) realmente original aos indivíduos, se atribuirmos a evidência simples dos fenômenos a portadores individuais, e se, ao mesmo tempo, neles acumularmos fenômenos como se fossem pontos nodais, então tratar-se-ia também de uma posterior *formalização* intelectual do real imediatamente dado, que só aplicaríamos a partir do hábito rotineiro e como algo obviamente dado na natureza das coisas.

Essa realidade é, caso se queira entender dessa maneira, tão subjetiva quanto objetiva, posto que produz tanto uma imagem válida do conhecimento como uma síntese dos dados sob a categoria de sociedade. Somente os propósitos específicos do conhecimento decidem se a realidade imediatamente manifestada ou vivida deve ser investigada em um sujeito individual ou coletivo. Ambas são igualmente "pontos de vista" que não se relacionam entre si como realidade e abstração, mas sim como modos de nossa observação, ambos distantes da "realidade" – da realidade que, como tal, não pode de qualquer maneira ser da ciência, e que somente por intermédio de tais categorias assume a forma de conhecimento.

A partir de um outro ponto de vista, totalmente diferente, admite-se que a existência humana só se realiza nos indivíduos, sem que todavia com isso se reduza a validade do conceito de sociedade. Entendido em seu sentido mais amplo, o conceito de sociedade significa a interação psíquica entre os indivíduos. Essa definição não pode gerar o equívoco causado por alguns eventos limítrofes que nela não se adaptam: quando duas pessoas cruzam olhares fugazmente, ou quando se acotovelam em uma fila de

16 Questões fundamentais da sociologia

bilheteria, não poderíamos dizer que estão se sociando (*vergesells-chaftet*). Nesses casos, a sociação ainda é tão superficial e fugaz que somente se poderia falar em sociação segundo *seu* padrão caso se considerasse que tal efeito recíproco estivesse se tornando mais frequente e intenso, e que deveria ser considerado em conjunto com outros vários efeitos que em geral lhes fossem semelhantes.

Estaríamos, porém, nos aprisionando ao emprego superficial do termo – certamente útil para a práxis externa – se condicionássemos a denominação de "social" somente às interações *duradouras*, àquelas que já tenham sido objetivadas em formas que se constituem em unidades perfeitamente caracterizadas como: Estado, família, corporações, igrejas, classes, associações etc. Além destas, porém, há inúmeras formas de relação e modos de interação entre os seres humanos que aparecem em casos isolados de maneira insignificante, mas que, inseridos nas formalizações ditas oficiais e abrangentes, sustentam, mais que tudo, a sociedade tal como a conhecemos. A restrição àquelas formas de interação equivale à encontrada nos primórdios das ciências da anatomia humana, que se restringiam ao estudo de grandes órgãos claramente delimitados, como coração, fígado, pulmões, estômago etc., descuidando-se dos inúmeros órgãos e tecidos desconhecidos e sem denominação de uso corrente, e sem os quais, porém, aqueles órgãos mais fundamentais jamais produziriam um corpo vivo.

A partir dos constructos moldados com base no modo mencionado, segundo o qual se formam os objetos tradicionais da ciência social, não é possível fazer uma composição a partir da experiência apresentada na vida social; sem que sejam articuladas as interações dos efeitos intermediários entre inúmeras sínteses, que, isoladas, permaneceriam menos abrangentes, haveria um estilhaçamento da vida social em inúmeros sistemas desconexos. Os laços de associação entre os homens são incessantemente feitos e desfeitos, para que então sejam refeitos, constituindo uma fluidez e uma pulsação que atam os indivíduos mesmo quando não atingem a forma de verdadeiras organizações. Que os seres humanos troquem olhares e que sejam ciumentos, que se correspondam por cartas ou que almocem juntos, que pareçam simpáticos ou antipáticos uns aos outros para além de qualquer interesse aparente, que a gratidão pelo gesto altruísta crie um laço mútuo indissolúvel, que um pergunte ao outro pelo caminho certo para se chegar a um determinado lugar, e que um se vista e se embeleze para o outro – todas essas milhares de relações, cujos exemplos citados foram escolhidos ao acaso, são praticadas de pessoa a pessoa e nos unem ininterruptamente, sejam elas momentâneas ou duradouras, conscientes ou inconscientes, inconsequentes ou consequentes. Nelas encontramos a reciprocidade entre os elementos que carregam consigo todo o rigor e a elasticidade, toda a variedade policromática e a unidade dessa vida social tão clara e tão misteriosa.

Todos esses grandes sistemas e organizações supraindividuais, aos quais se deve o conceito de sociedade, não passam de cristalizações – dados em uma extensão temporal e em uma imagem imaculada – de efeitos mútuos imediatos, vividos a cada hora e por toda uma existência, de indivíduo para indivíduo. Não há dúvida de que assim adquirem existência e leis próprias, com as quais também podem reciprocamente se defrontar e contrapor tais expressões vivas autônomas. Mas a sociedade, cuja vida se realiza num fluxo incessante, significa sempre que os indivíduos estão ligados uns aos outros pela influência mútua que exercem entre si e pela determinação recíproca que exercem uns sobre os outros. A sociedade é também algo funcional, algo que os indivíduos fazem e sofrem ao mesmo tempo, e que, de acordo com esse caráter fundamental, não se deveria falar de sociedade, mas de sociação. Sociedade é, assim, somente o nome para um círculo de indivíduos que estão, de uma maneira determinada, ligados uns aos outros por efeito das relações mútuas, e que por isso podem ser caracterizados como uma unidade – da mesma maneira que se considera uma unidade um sistema de massas corporais que, em seu comportamento, se determinam plenamente por meio de suas influências recíprocas.

Diante desta última definição, ainda seria possível insistir, afirmar que somente as partes materiais são a "realidade" autêntica, e que os movimentos e modificações causados por seus efeitos mútuos jamais serão algo tangível ou, em certa medida, que constituem uma realidade de segundo grau. Teriam lugar, pois, somente em suas partes substanciais. A mencionada unidade seria apenas uma visão conjunta dessas existências materiais específicas, cujos impulsos e formalizações recebidos e partilhados teriam permanecido em cada uma das partes.

No mesmo sentido, podemos certamente insistir no aspecto de que as realidades verdadeiras seriam apenas os indivíduos humanos. Com isso nada se ganha. A sociedade não é, sobretudo, uma substância, algo que seja concreto para si mesmo. Ela é um *acontecer* que tem uma função pela qual cada um recebe de outrem ou comunica a outrem um destino e uma forma. Em busca apenas do que é tangível, encontraríamos somente indivíduos, e, entre eles, nada além de espaço vazio. Trataremos posteriormente das consequências dessa perspectiva. Mas se ela também atribui a "existência", em sentido estrito, somente aos indivíduos, então também precisa deixar de lado, como algo "real" e digno de ser investigado, o acontecimento, a dinâmica da ação e do sofrimento a partir da qual esses indivíduos reciprocamente se modificam.

— O caráter abstrato da sociologia

Qualquer ciência extrai dos fenômenos uma série ou uma parte da totalidade ou da imediaticidade vivida, e a subsume a um conceito específico. A sociologia não procede de maneira menos legítima que todas as demais ciências ao dissipar as existências individuais para novamente reuni-las segundo um conceito que lhe seja próprio, e assim perguntar: o que ocorre com os seres humanos e segundo que regras eles se movimentam – não exatamente quando eles desenvolvem a totalidade de suas existências individuais inteligíveis, e sim quando eles, em virtude de seus efeitos mútuos, formam grupos e são determinados por essa existência em grupo? Assim será permitido à sociologia tratar da história do casamento sem precisar analisar a vida conjugal de casais específicos; estudar o princípio de organização burocrática sem que seja necessário descrever um dia na repartição; ou fundamentar as leis e os resultados das lutas de classe sem entrar nos detalhes do curso de uma greve ou das negociações em torno de uma taxa salarial.

Certamente os objetos dessas perguntas foram estabelecidos por meio de processos de abstração. Mas assim a sociologia não se diferencia de ciências como a lógica ou a economia teórica, que procedem da mesma maneira; ou seja, sob a égide de conceitos determinados – lá, do conhecimento, cá, da economia –, retiram da realidade formas sintéticas e nelas descobrem leis e evoluções, enquanto essas formas não existem como algo que possa ser experimentado isoladamente.

Caso a sociologia se mostre como uma abstração perante toda realidade – aqui levada a cabo sob o jugo do conceito de sociedade –, ainda assim mostra-se fraca a crítica que a acusa de ser irreal. Essa crítica é proveniente da tendência que atribuía realidade somente aos indivíduos, uma vez que essa perspectiva ainda protege a sociologia da sobrecarga que eu antes citei como um risco nada desprezível para sua existência como ciência. Posto que o homem está, a cada instante de seu ser e fazer, determinado pelo fato de ser social, parece então que todas as ciências do homem teriam de se amalgamar na ciência da vida social. Essas ciências seriam apenas canais isolados e especificamente formados através dos quais fluiria a vida social, a única portadora de toda força e sentido.

Mostrei como, com esse procedimento, nada se ganha além de um novo nome comum para todos os conhecimentos que continuarão a existir, imperturbáveis e autônomos, em seus métodos e temas, em suas tendências e denominações. Mesmo que esta seja uma ampliação equivocada da concepção de sociedade e de sociologia, em seu cerne se encontra um fato significativo e fecundo. Entender que o ser humano, em toda a sua essência e em todas as suas expressões, é determinado pelo fato de que vive interativamente com outros seres humanos deve levar a um novo modo de *observação* em todas as chamadas ciências do espírito.

Até o século XVIII, todos os grandes temas da vida histórica – a linguagem, a religião, a formação dos Estados e a cultura material – eram explicados como "invenção" de personalidades isoladas. Mas, quando o entendimento e os interesses das pessoas não pareciam ser suficientes para isso, restava apelar às forças transcendentais – para as quais o "gênio" de um inventor singular representava um estágio intermediário, pois com o conceito de gênio somente se expressava que as forças conhecidas e concebíveis do indivíduo não eram suficientes para a produção do fenômeno. Assim, a linguagem era a invenção de um indivíduo ou uma dádiva divina; a religião – como acontecimento histórico – era a invenção de sacerdotes perspicazes ou de uma vontade divina; as leis morais eram cunhadas por heróis das massas, ou dadas por Deus, ou, ainda, presenteadas ao homem pela "natureza" – uma hipóstase não menos mística.

O ponto de vista da produção social representa uma liberação dessas duas alternativas insuficientes. Todas aquelas formações se produzem na relação recíproca dos seres humanos, ou por vezes *são* também elas mesmas relações recíprocas, mas de uma maneira tal que não podem ser deduzidas do indivíduo observado em si mesmo. Paralelamente a essas duas possibilidades encontra-se uma terceira – a produção de fenômenos através da vida social, que ainda se dá por meio de dois sentidos. Em primeiro lugar, pela contiguidade de indivíduos que agem uns sobre os outros; assim, o que é produzido *em* cada um não pode ser somente explicado *a partir* de si mesmo. Em segundo lugar, por meio da sucessão das gerações, cujas heranças e tradições se misturam indissociavelmente com as características próprias do indivíduo, e agem de modo tal que o ser humano social, diferentemente de toda vida subumana, não é somente descendente, mas sobretudo herdeiro.

— A sociologia como método

Por meio da conscientização do modo de produção social, que se insere entre o modo puramente individual e o transcendental, surgiu em todas as ciências do espírito um método genético, uma nova ferramenta para a solução de seus problemas – quer estes atinjam o Estado ou a organização da Igreja, a língua ou a Constituição. A sociologia não é somente uma ciência com objeto próprio, delimitado e reservado para si, o que a oporia a todas as outras ciências, mas ela também se tornou sobretudo um *método* das ciências históricas e do espírito. Para que se aproveitem desse método, essas ciências não precisam de modo algum deixar seu lugar, não precisam se tornar parte da sociologia – como exigia aquele conceito fantasticamente exagerado da ciência da sociedade.

A sociologia se aclimata a cada campo específico de pesquisa, tanto no da economia como no campo histórico-cultural, tanto no ético como no teológico. Dessa maneira, ela não procede de modo diferente daquele típico do método indutivo em seu tempo, que, como princípio de pesquisa, invadiu todos os grupos de problemas, auxiliando na solução de questões que pareciam insuperáveis. Mas nem por isso a indução se tornou uma ciência específica ou uma ciência abrangente, e o mesmo se dá com a sociologia. À medida que insiste no fato de que o ser humano deve ser entendido como ser social, e que a sociedade é a portadora de todo evento histórico, a sociologia não possuirá qualquer *objeto* que já não tenha sido tratado antes em uma das ciências existentes. Possuirá um caminho comum a todas elas, um método da ciência que, justamente em razão de sua aplicabilidade à totalidade dos problemas, não é uma ciência com um conteúdo que lhe seja próprio.[*]

---

[*] Esta última frase e algumas outras são retiradas de minha obra *Sociologia – estudos sobre as formas de sociação*, que desenvolve algumas ideias tratadas neste trabalho de maneira mais extensa e, concretamente, com uma fundamentação mais ampla sobre fatos históricos.

Justamente porque esse método possui tal universalidade, ele forma um fundamento comum para todos os grupos de problemas que antes careciam de alguns esclarecimentos que cada um só poderia receber de outro; a generalidade do ser socializado, que permite que as forças dos indivíduos se determinem mutuamente, corresponde à generalidade do modo sociológico de conhecimento, graças ao qual se torna viável resolver e aprofundar um problema em uma região do conhecimento cujo conteúdo seja totalmente heterogêneo. Menciono aqui apenas alguns exemplos que vão do mais particular ao mais geral.

Com base em uma investigação sociológica sobre a psicologia do público de teatro, o criminalista pode aprender bastante sobre a natureza do chamado "crime de massa". Temos aqui o estímulo de um comportamento coletivo e impulsivo, que pode ser claramente averiguado. Além disso, esse comportamento se dá na esfera da arte, que é abstrata e perfeitamente delimitada. Nesse caso – o que é muito importante para o estudo do problema da culpa nos "crimes de massa" –, a determinação do indivíduo por uma massa fisicamente próxima dele e a extensão pela qual os juízos de valor subjetivos e objetivos possivelmente se eliminam pelo impacto do contágio podem ser observadas sob condições puramente experimentais – como em nenhum outro lugar.

O estudioso da religião ficará inclinado, de múltiplas maneiras, a explicar a vida religiosa das comunidades e sua disposição para o sacrifício em termos de sua devoção a um ideal que é comum a todos. Ele pode ser tentado a subordinar a conduta da vida presente, inspirado em todos pela esperança num estágio perfeito que esteja situado para além da vida dos indivíduos vivos, ao poder dos conteúdos da fé religiosa. Caso lhe digam que um

24 Questões fundamentais da sociologia

sindicato social-democrata exibe os mesmos traços de comportamento comum e recíproco, tal analogia poderá ensinar a esse estudioso que o comportamento não está exclusivamente ligado a um conteúdo religioso, porém representa uma forma humana universal que se realiza sob o estímulo não somente de objetos transcendentes, mas também de outras motivações sentimentais. Também entenderá algo que será essencial para ele: o fato de que, mesmo em uma vida religiosa autônoma, estão contidos elementos não especificamente religiosos, mas sociais. Com certeza esses elementos – tipos específicos de comportamentos e atitudes – se fundem organicamente com a disposição religiosa. Mas, quando são sociologicamente isolados, podemos mostrar, dentro do complexo religioso geral, que elementos podem ser com legitimidade considerados puramente religiosos – e, portanto, independentes de tudo o que é social.

Finalmente, um último exemplo que trata do enriquecimento recíproco dos grupos de problemas sugeridos pela partilha comum de objetos no processo de sociação dos seres humanos. O historiador da política e da história geral da cultura atualmente sente-se inclinado, de várias maneiras, a deduzir, por exemplo, o caráter da política interna e das leis de um país a partir de causas suficientes dos processos econômicos correspondentes. Suponha que ele tenha explicado o forte individualismo da constituição política da primeira fase da Renascença italiana com base na liberação das relações *econômicas* de suas amarras canônicas e corporativas. A contribuição de um historiador da arte pode ser valiosa para qualificar essa concepção. O historiador da arte constata, já no início da época em questão, a monstruosa disseminação de retratos em forma de bustos e seu caráter individual e naturalista.

Mostra com isso como a valoração pública desloca a ênfase do que é comum aos homens – e que por isso pode ser relegado facilmente a esferas abstratas e idealizadas – para o que compete ao *indivíduo*, ao significado da força pessoal, ao que sobressai do concreto perante a lei geral válida para o todo. Essa descoberta indica que o individualismo econômico observado era já a expressão de uma mudança sociológica fundamental, que encontrou sua configuração no campo da arte, assim como da política, sem que uma fosse a causa imediata da outra.

Essas analogias sociológicas nos permitem chegar a uma concepção que supera o materialismo histórico e que é mais profunda que ele: talvez as mudanças históricas, de acordo com sua camada realmente ativa, sejam transformações sociológicas; talvez interfiram no modo como os indivíduos se comportam em relação aos outros; como o indivíduo se comporta em relação ao seu grupo; como as ênfases nos valores, as acumulações, as prerrogativas e fenômenos semelhantes se movem entre os elementos sociais. Talvez sejam essas as coisas que verdadeiramente tornam os acontecimentos fatos de época. Se a economia quiser determinar todas as outras áreas da cultura, então a verdade por trás dessa aparência sedutora só pode consistir no fato de que a economia também é determinada por transposições sociológicas que igualmente determinam outros fenômenos culturais. A forma econômica é somente uma "superestrutura" sobre as relações e as mudanças da estrutura sociológica pura, que constitui a última instância histórica – o elemento que determina todos os outros conteúdos da vida, mesmo que em certo paralelismo com os conteúdos econômicos.

26   Questões fundamentais da sociologia

— Os principais problemas da sociologia

O estudo sociológico da vida histórica ("sociologia geral")

Partindo dessas ponderações, para além do mero conceito de *método*, abre-se o olhar para o primeiro e principal *conjunto de problemas* da sociologia. Mas, embora esse olhar abranja quase todo o campo da existência humana, ele não perde com isso o caráter daquela abstração que é todavia unilateral, caráter do qual nenhuma ciência pode se desvencilhar. Pois, embora socialmente determinado, embora cada aspecto econômico, espiritual, político, jurídico e mesmo do religioso e da cultura geral seja simultaneamente atravessado pelo social, essa determinação é tecida, em cada aspecto, no interior de outras determinações provenientes de outras áreas. Sobretudo da circunstância de que as coisas têm um puro caráter objetivo. É sempre um conteúdo objetivo de tipo técnico, dogmático, intelectual ou psicológico, que traz consigo o desenvolvimento das forças sociais e que sustenta esse desenvolvimento em direções e fronteiras determinadas por intermédio de suas próprias características, suas leis e lógicas.

Todo fenômeno, independentemente do material de que se realize, precisa se submeter à lei desse material; toda atividade intelectual ata-se, quaisquer que sejam os percalços, a leis objetivas de pensamento e comportamento dos objetos; toda série de criações mantém uma certa ordem, seja no campo artístico, político, legal, médico, filosófico ou sobretudo no das invenções. Essa ordem nos possibilita compreendê-las em termos de relações objetivas de seus conteúdos – desenvolvimento, conexão, diferenciação, combinação etc. Nessa circunstância, nenhuma vontade ou poder humanos pode se permitir dar passos de forma arbitrária, nenhu-

O âmbito da sociologia **27**

ma vontade ou poder humanos pode se permitir caprichosamente saltar distâncias e realizar sínteses, devendo, pois, seguir a precisa lógica interna das coisas. Então seria possível construir a história da arte como um desenvolvimento plenamente inteligível à medida que as obras de arte sejam apresentadas por si mesmas, de forma totalmente anônima em sua ordenação temporal e evolução estilística; correlativamente, seria possível fazer o mesmo com o desenvolvimento do direito, que seria apresentado como a sucessão das instituições e leis; com a produção científica, que seria uma mera série histórica ou sistemática de seus resultados conquistados etc.

Aqui, da mesma forma como se considera uma canção com base em seu valor musical, uma teoria física com base na sua verdade, e uma máquina com base na sua utilidade, se evidencia o fato de que todos os conteúdos da vida humana, mesmo quando ela se realiza somente por meio das condições e da dinâmica da vida social, propiciam uma forma de observação que seja totalmente independente em relação a essa dinâmica e a essa determinação. Os objetos corporificam suas próprias ideias; eles têm significado, leis, padrões de valor que são independentes da vida social e individual, e que possibilitam defini-los e compreendê-los em seus próprios termos. Perante toda a realidade, mesmo esse entendimento envolve uma abstração, uma vez que nenhum conteúdo objetivo se realiza por sua lógica própria, mas só pode fazê-lo por meio de forças históricas e espirituais. A cognição não pode apreender a realidade em sua total imediaticidade – o que chamamos de conteúdo objetivo é algo concebido a partir de uma categoria específica.

Sob uma dessas categorias a história da humanidade aparece como comportamento e produto de *indivíduos*. Assim como a obra de arte pode ser observada a partir de seu significado puramente artístico e situada dentro de uma série de produtos artísticos como se tivesse "caído do céu", ela também pode ser apreendida a partir da personalidade, do desenvolvimento, da vivência e das tendências de seu criador, como pulsação ou resultado imediato da vida individual, de cuja continuidade, vista nesse sentido, não se desvencilha. Certos fatos da cultura se adaptam mais facilmente a essa perspectiva, sobretudo a arte e tudo o que ainda pode ser sentido como sopro da criação; o principal é perceber que esse suporte do sujeito, ativo ou receptivo, típico ou extraordinário, é uma das possibilidades de traduzir para o entendimento essa unidade de toda produção humana, e aparece como um dos momentos no qual todos participam e que, segundo suas leis, formam ao mesmo tempo um patamar no qual se pode projetar o todo.

O objetivo dessa discussão consiste em mostrar que *não* existe *apenas* vida social como força fundadora da vida humana, ou como sua fórmula. Essa vida deve ser deduzida e interpretada nesses termos, e deve ser finalmente concebida na tessitura da natureza com a criatividade dos indivíduos. Talvez ainda haja outras categorias de interpretação que ainda não foram totalmente elaboradas. Essas análises e modos de estruturação de nossa vida e criação imediatas são experimentadas como unidade de tudo isso – estão no mesmo nível e têm o mesmo direito. Por conseguinte – e é disso que se trata agora –, nenhuma delas poderá ser o caminho único e adequado do conhecimento – nem mesmo aquela que for determinada pela forma social de nossa existência, porque também ela é somente parcial, complementar às demais e por elas complementada. Com essa qualificação, contudo, ela pode em princípio representar uma forma de conhecimento diante da totalidade da existência humana.

Pode-se indagar se os fatos da política, da religião, da economia, do direito, dos estilos culturais em geral, da linguagem e outros, podem ser concebidos não como realizações do sujeito, ou em seu significado objetivo, mas como produtos e desenvolvimentos da sociedade. Nem a ausência de uma definição exaustiva e indiscutível da natureza da sociedade torna cognoscível o valor dessa abordagem ilusória. Trata-se de uma peculiaridade do espírito humano o fato de ser capaz de erguer uma estrutura sólida sobre fundações conceitualmente ainda frágeis. As proposições físicas e químicas não sofrem com o obscuro e problemático conceito de matéria; proposições jurídicas não padecem com a querela sobre a natureza do direito e de seus primeiros fundamentos; e as afirmações psicológicas não são prejudicadas pelo fato de que a "essência da alma" nos pareça algo altamente questionável.

Portanto, se o "método sociológico" for aplicado para estudar a decadência do Império Romano, ou a relação entre religião e economia nas grandes civilizações; ou a origem da ideia de Estado nacional alemão; ou o domínio do estilo barroco; isto é, se tais acontecimentos ou circunstâncias se apresentam como as somas das interações individuais, ou como estágios da vida de grupos supraindividuais, então essas investigações devem ser definidas como sociológicas, justamente por estarem conduzidas de acordo com o método sociológico.

Somente a partir dessas investigações emerge uma abstração que pode ser caracterizada como o resultado de uma cultura científica altamente diferenciada. Essa abstração produz um conjunto de problemas sociológicos no sentido estrito do termo. Se, por conseguinte, todos os fatos da vida forem observados como alguma coisa que se realiza em um grupo social e por intermédio dele,

30 Questões fundamentais da sociologia

isso indica que há elementos em comum nas suas materializações (ainda que, dadas as diferentes circunstâncias, não sejam os mesmos em todas as partes). Tais elementos em comum só emergem se, e somente se, a própria vida social se mostra como origem ou objeto dos eventos.

A esse contexto pertencem algumas perguntas, tais como: seria possível achar, a partir de um fato, uma lei comum, um ritmo, de vez que, nos variados modos de desenvolvimento histórico, o referente factual que lhe dá sustentação ocorre apenas uma vez? Sempre se afirmou, por exemplo, que todas as evoluções históricas se realizaram, em seu primeiro estágio, como unidade indissolúvel de múltiplos elementos; no segundo estágio haveria uma articulação diferenciadora desses elementos anteriormente unidos, agora estranhos um com relação ao outro; no terceiro momento, forma-se uma nova unidade, que consistiria em uma harmônica interpenetração dos elementos que se preservaram em sua especificidade.

Em resumo, o caminho de todos os desenvolvimentos plenamente vividos parte da unidade indiferenciada, passa por uma multiplicidade diferenciada e atinge uma unidade diferenciada. Ou, ainda, pode-se pensar a vida histórica como um processo gradual da generalidade orgânica até a simultaneidade mecânica. Propriedade, trabalho e interesses teriam surgido, primeiramente, da solidariedade dos indivíduos, os portadores da vida do grupo; depois, estes teriam se dividido em pessoas egoístas em busca apenas de seus próprios benefícios, e somente por isso se relacionando com os outros. O primeiro estágio é a manifestação de uma vontade na sua natureza mais profunda, que se expressa unicamente como sentimento. O segundo estágio, em contraste, é o produto de uma vontade arbitrária e da razão calculista. De acordo, ainda, com uma diferente concepção, é possível estabelecer uma relação definida, em uma dada época, entre a visão de mundo espiritual e sua situação social, à medida que ambas seriam apenas expressões de desenvolvimentos biológicos.

Finalmente, existe a ideia de que o conhecimento humano como um todo atravessaria três estágios. O primeiro, teológico, explica os fenômenos da natureza a partir de uma vontade arbitrária de qualquer tipo de entidade. No segundo estágio, o metafísico, as causas sobrenaturais são substituídas por leis que são de tipo místico e especulativo (como "força vital", "objetivos da natureza" etc.). Por fim, o estágio positivo, representado atualmente pela ciência experimental e exata. Por intermédio desses estágios se desenvolve cada área do saber. Cada ramo particular do conhecimento se desenvolve passando por esses três estágios.

Outra questão sociológica no interior dessa categoria é o problema relativo às condições do *poder* de grupos em sua diferença com relação às condições de poder dos indivíduos. As condições para o poder dos indivíduos são imediatamente claras: inteligência, energia, combinação apropriada entre pertinácia e flexibilidade etc.; mas é preciso que existam certas forças obscuras que sustentem devidamente o poderio histórico de fenômenos como Jesus, de um lado, e Napoleão, de outro, fenômenos que de modo algum seriam explicados por meio de designações como "persuasão", "prestígio" etc. Quando os grupos exercem seu poder, seja sobre os indivíduos, seja sobre outros grupos, eles operam com outros fatores. Alguns deles são: a capacidade de intensa concentração, assim como de dissolução em atividades individuais específicas; a crença consciente em espíritos de liderança, assim como em nebulosos impulsos expansionistas; o paralelismo entre

32 Questões fundamentais da sociologia

egoísmo dos indivíduos e a devoção sacrificial diante do todo; o dogmatismo fanático e uma liberdade espiritual evidente a cada instante. Tudo isso não somente culmina na ascensão de unidades políticas – e também, por negação, na sua decadência –, como também em todos os agrupamentos possíveis de tipo econômico, religioso, partidário e familiar. Mas a pergunta não é como se origina a sociação como tal, mas qual o destino da sociedade como algo já constituído – e esse destino é verificável.

Há uma outra questão que surge diante de todos os fenômenos e condições de natureza sociológica: qual é a relação de comportamento, ação e representações de pensamento coletivos, segundo os seus *valores*, com aqueles valores correspondentes que se expressam imediatamente por intermédio dos indivíduos? Que diferenças de nível existem, medidas com um parâmetro ideal, entre os fenômenos sociais e os individuais? A estrutura interna e fundamental da sociedade torna-se aqui o menor dos problemas. Essa estrutura já é pressuposta, e os fatos da vida são observados com base em tal pressuposição. A pergunta, então, é: que princípios gerais se mostram nesses fatos quando colocados sob essa perspectiva? No próximo capítulo iremos examinar o problema dos níveis, entendido como exemplo de um tipo sociológico que se poderia chamar de "sociologia geral".

O estudo das formas societárias ("sociologia pura ou formal")

Partindo de uma outra direção, a abstração científica demarca ainda mais uma linha na concretude plena dos fenômenos sociais, relacionando tudo aquilo que é sociológico a partir de um sentido que será tratado logo a seguir. Ao fazer isso, a abstração científica produz uma forma consistente de cognição. Percebe que, na realidade, o fenômeno sociológico não existe nessa forma isolada e recomposta, e sim a partir de uma abstração feita de um conceito surgido com base na unidade da vida desta mesma realidade. Todos os fatos sociais não são, como já foi mencionado aqui, *somente* sociais. Há sempre um conteúdo objetivo (de tipo sensorial, espiritual, técnico ou psicológico) socialmente corporificado, produzido e propagado, gerando assim a totalidade da vida social.

Se a sociedade é concebida como a interação entre indivíduos, a descrição das formas de interação é tarefa de uma ciência específica, em seu sentido mais estrito, assim como a abstração geométrica investiga a simples forma espacial de corpos que existem somente empiricamente como formas de conteúdos materiais. Caso se possa dizer que a sociedade é a ação recíproca entre indivíduos, então a descrição das formas dessas ações recíprocas constituiria a tarefa da ciência social no sentido mais próprio e rigoroso de "sociedade". Se o primeiro círculo de problemas foi abarcado pela totalidade da vida histórica (à medida que é socialmente formada, conquanto essa socialidade seja sempre um todo abrangente), o segundo círculo será abarcado pelos próprios modos que transformam uma simples soma de seres humanos vivos em sociedade e sociedades.

Assim como a gramática, que isola as formas puras da linguagem dos conteúdos nos quais elas vivem, esta pesquisa – talvez se pudesse chamá-la de "sociologia pura" – colhe dos fenômenos o seu momento de sociação, desprendendo-o indutiva e psicologicamente da multiplicidade de seus conteúdos e objetivos que ainda não são sociais para si. De fato, encontramos nos grupos sociais, por mais que estes sejam diferentes de acordo com seus propósitos e significados, os mesmos modos formais de comportamento dos indivíduos entre si. Dominação e subordinação, concorrência, imitação, divisão do trabalho, formação de partidos, representação, simultaneidade da união interna e da coesão perante o mundo exterior e outras incontáveis formas semelhantes se encontram tanto em sociedades de Estado como em comunidades religiosas, em um grupo de conspiradores como na camaradagem econômica, em uma escola artística como em uma família.

Por mais que sejam variados os interesses dos quais resulta a sociação, as formas nas quais eles se realizam podem ser as mesmas. Por outro lado, o interesse por um mesmo conteúdo pode se apresentar em sociações formadas de maneiras distintas. Por exemplo, o interesse econômico se realiza tanto na concorrência como na organização planejada dos produtores; em um acordo contra outros grupos econômicos ou com esses próprios grupos. Os conteúdos religiosos da vida demandam – embora permaneçam os mesmos em seu conteúdo – uma forma social livre ou uma forma social centralizada. Os interesses, que estão na base das relações entre os sexos, precariamente se realizam numa quase infinita multiplicidade de formas familiares.

Assim como os conteúdos mais divergentes podem ser idênticos à forma na qual se realizam, o contrário também é verdadeiro: a matéria pode persistir a mesma, enquanto a comunhão dos indivíduos que a sustenta se movimenta em uma multiplicidade de formas. Desse modo, a análise em termos de forma e conteú-do transforma os fatos – que, em sua imediaticidade, apresentam as duas categorias com a unidade indissolúvel da vida social – de maneira a justificar o problema sociológico. Este demanda a ordenação sistemática, a fundamentação psicológica e o desenvolvimento histórico de puras formas de sociação. Nesse caso, ao contrário do primeiro grupo de problemas, a sociologia não é uma ciência especial quanto ao conteúdo de seus problemas. Mas, em termos de seu modo particular de responder às questões, ela é uma ciência específica. A discussão da "sociabilidade",[*] no Capítulo 3, irá fornecer um exemplo que serve para simbolizar a imagem geral da investigação na sociologia pura.

O estudo dos aspectos epistemológicos e metafísicos da sociedade ("sociologia filosófica")

O enfoque moderno da ciência com relação aos fatos levanta ainda um terceiro âmbito de questões em torno da sociedade como fato. Visto que essas questões são adjacentes às fronteiras superiores e inferiores desse fato, elas certamente só podem ser definidas como sociológicas em sentido amplo, pois, de acordo com seu caráter próprio, seriam mais bem-definidas como filosóficas. Seu *conteúdo* é constituído simplesmente pelo fato. Cada particularidade real é interrogada tomando por base seu sentido para a totalidade do espírito – da vida, e sobretudo da existência – e com fundamento na legitimação atribuída por essa totalidade. Assim se dá também com a natureza e a arte, a partir das quais *imediatamente* desenvolvemos a ciência da natureza e a ciência da arte, mas que também produzem os objetos da filosofia natural e da filosofia da arte, cujos interesses e métodos se situam em outra camada do pensamento.

Assim como qualquer outra ciência exata – uma ciência que se dirija para o entendimento imediato do que é dado –, a ciência

---

[*] Gostaria de assinalar que minha obra anteriormente mencionada trata de descrever as "Formas de sociação" da maneira que até agora está a meu alcance – embora não esteja absolutamente completa.

social está limitada por dois âmbitos *filosóficos*. O primeiro abrange as condições, os conceitos fundamentais, os pressupostos da pesquisa concreta que não podem ser apreendidos pela pesquisa, pois constituem sua base. No outro âmbito, a pesquisa específica é dirigida a conclusões, conexões, problemas e conceitos que não têm lugar no contexto da experiência e do saber objetivo imediato. O primeiro âmbito é da teoria do conhecimento, o segundo, a metafísica da disciplina particular.

As tarefas das ciências sociais específicas – como o estudo da economia e das instituições, a história dos costumes e dos partidos, a teoria demográfica e o questionamento da estrutura profissional – não podem ser tratadas sem que se pressuponham, de modo indiscutível, certos conceitos, axiomas e procedimentos. Caso não aceitássemos certa tendência egoísta de ganho e prazer, mas também se não aceitássemos um limite para essa tendência imposto pela obrigação, o costume e a moral; se não nos déssemos o direito de falar das opiniões da massa como uma unidade, por mais que muitos de seus elementos somente participem dela superficialmente, ou mesmo que dela discordem; se não declarássemos como compreendido o desenvolvimento dentro de uma área cultural, de modo que pudéssemos reproduzi-lo em nós mesmos como uma lógica psicológica e evolutiva, então não poderíamos transformar inúmeros fatos em contextos sociais.

Em todos esses exemplos, e ainda em muitos outros, se encontram modos de proceder do pensamento com os quais este penetra a matéria bruta dos acontecimentos isolados, para, a partir deles, adquirir um conhecimento científico da sociedade – da mesma maneira como o pensamento extrai fenômenos externos a partir de certos pressupostos a respeito de espaço, matéria, movimento e calculabilidade, sem os quais jamais teria sido criada a ciência da física.

Cabe a cada ciência social específica aceitar sem questionamentos sua própria base; sim, cada ciência social não poderia tratar dessa base dentro de seu próprio terreno, porque ela evidentemente teria de abarcar todas as demais ciências sociais. É aqui que se introduz a sociologia como teoria do conhecimento das ciências sociais específicas, como análise e sistematização dos fundamentos de suas formas e normas.

Assim como esses questionamentos perpassam os fundamentos dos conhecimentos concretos da existência social, outros questionamentos vão mais adiante: por meio da hipótese e da especulação do caráter inevitavelmente fragmentário dos conhecimentos concretos, esses questionamentos tentam fazer deste ou de qualquer conhecimento empírico um quadro geral fechado; ordenam em séries os acontecimentos caóticos e contingentes que devem seguir uma ideia ou almejar um propósito; questionam onde o desenrolar indiferente e naturalmente ordenado dos eventos daria *sentido* a fenômenos singulares ou ao todo; eles afirmam ou duvidam – as duas atitudes são igualmente procedentes de uma visão do mundo supraempírica – que em todo esse jogo de fenômenos sócio-históricos reside um significado religioso, ou alguma relação cognoscível ou imaginável com o fundamento metafísico do ser.

Surgem em especial perguntas como as seguintes: a sociedade é o objetivo da existência humana ou simplesmente um meio para o indivíduo? O valor definitivo do desenvolvimento social se situa na formação da personalidade ou na associação? O sentido e o propósito existem previamente como tais nos quadros sociais, ou esses conceitos se realizam somente no espírito individual? Mostrariam os típicos estágios de desenvolvimento da sociedade uma analogia com a evolução cósmica, de modo que haja acima de tudo uma fórmula ou ritmo universal de desenvolvimento – como a alternância de diferenciação e integração – que se revelaria tanto nos fatos sociais como nos materiais? Seriam os movimentos sociais ditados pelo princípio da economia de força, por motivos materiais ou ideais?

Evidentemente, esse tipo de pergunta não pode ser respondido pela averiguação dos fatos. Trata-se antes da *interpretação* de fatos comprovados e dos esforços para formar uma visão global dos elementos relativos e problemáticos da realidade social. Essa visão não concorre com a empiria justamente porque atende a necessidades totalmente diferentes dela.

É evidente que o tratamento desses problemas nesse âmbito baseia-se mais estritamente nas diferenças de visões do mundo, dos valores individuais e partidários, das convicções últimas e indemonstráveis do que no interior das outras duas regiões da sociologia, ambas rigorosamente demarcadas pelos fatos. Por isso, o tratamento de uma questão singular tomada como exemplo não poderia mostrar a objetividade exigida no momento. Também não poderia, como nas outras, ilustrar na mesma medida a totalidade da tipologia. Esse é o motivo pelo qual me parece mais aconselhável traçar, no Capítulo 4, uma linha das teorias pertinentes tal como se desenvolveram no curso de inúmeras controvérsias, durante um período particular da história geral do espírito.

2 —

O nível social e o nível individual
(Exemplo de sociologia geral)

Nas últimas décadas, quando a socialização, a vida de grupos entendidos como unidades, tornou-se propriamente objeto de questionamento sociológico – portanto, não se tratava de destino histórico ou da prática política de indivíduos, e sim daquilo que lhes é comum justamente por constituírem "sociedades" –, fez-se imediatamente necessária a pergunta sobre a diferença entre as características essenciais desse sujeito da sociedade e da vida individual enquanto tal. A partir de uma perspectiva externa, as diferenças são óbvias. Por exemplo, a imortalidade fundamental dos grupos se contrapõe à transitoriedade do indivíduo humano; a possibilidade que os grupos têm de descartar elementos importantes sem contudo se extinguirem, movimento que significaria, de modo correspondente, a extinção para a vida individual, e fenômenos similares.

Essas questões, sempre que vinham à tona, contudo, possuíam uma natureza interna, e pode-se dizer psicológica. No entanto, caso se tome por ficção ou realidade a unidade do grupo

39

40 Questões fundamentais da sociologia

que se sustenta sobre os indivíduos seus componentes – com o fim de interpretar os fatos –, essa unidade precisa ser tratada *como se* ela fosse um sujeito com vida, leis e características internas próprias. E, para fundamentar com legitimidade o questionamento sociológico, é forçoso esclarecer justamente as diferenças entre essas determinações e aquelas da existência individual.

— As determinações do grupo e as hesitações do indivíduo

Apresentou-se aqui, então, a afirmação – a partir da qual podem ser puxados vários fios para que se possam estabelecer diferenças entre as determinações anteriormente mencionadas – de que as ações das sociedades teriam um propósito e uma objetividade muito mais definidos que os individuais. O indivíduo é pressionado, de todos os lados, por sentimentos, impulsos e pensamentos contraditórios, e de modo algum ele saberia decidir com segurança interna entre suas diversas possibilidades de comportamento – que dirá com certeza objetiva. Os grupos sociais, em contrapartida, mesmo que mudassem com frequência suas orientações de ação, estariam convencidos, a cada instante e sem hesitações, de uma determinada orientação, progredindo assim continuamente; sobretudo saberiam sempre quem deveriam tomar por inimigo e quem deveriam considerar amigo. Entre o querer e o fazer, os meios e os fins de uma universalidade, há uma discrepância menor do que entre os indivíduos. Nesses termos, os indivíduos se mostram "livres", enquanto as ações de massa seriam determinadas por uma "lei natural". Por mais polêmica que seja essa formulação, ela somente extrapola uma diferença factual e altamente perceptível entre os dois fenômenos.

Essa proposição se origina no fato de que os objetivos do espírito público, de uma coletividade em geral, correspondem àqueles que o indivíduo deve apresentar para si mesmo como os mais fundamentalmente simples e primitivos. A esse respeito, só nos engana o poder que tais objetivos adquirem, por meio da expansão de seu domínio e da técnica altamente complexa com a qual o ente público moderno realiza tais objetivos, mediante a aplicação de inteligências individuais. À proporção que o indivíduo, em seus propósitos mais primitivos, não apresenta hesitações nem se equivoca, podemos pensar que a mesma medida vale para o grupo social. O asseguramento da existência, a aquisição de novas propriedades, o desejo de afirmar e expandir a própria esfera de poder, a defesa das posses conquistadas – estes são impulsos fundamentais para os indivíduos, impulsos a partir dos quais ele pode se associar de modo conveniente a muitos outros indivíduos, a seu gosto.

Exatamente porque, nessas ambições primitivas, o indivíduo não escolhe nem hesita, a ambição social, que reúne as ambições primitivas, também não conhece escolha ou indecisão. Infere-se então que, tal como o indivíduo, de modo claramente determinado e seguro quanto a seus objetivos, realiza ações puramente egoístas, também assim faz a massa em todos os fins a que se propõe; ela não conhece o dualismo entre impulsos egoístas e desapegados, diante do qual o indivíduo frequentemente se encontra perplexo e pelo qual, por tantas vezes, tentando se manter entre os dois polos, acaba por dar tiros n'água. Corretamente definiu-se o direito, isto é, as primeiras e essenciais condições de vida de conjuntos grandes e pequenos, como o "mínimo ético". As normas, embora bastem escassamente para a existência do todo, são o mínimo para o indivíduo, a condição sob a qual ele pode existir externamente como ser social; caso se limitasse a essas normas, caso não se ligasse a partir delas a uma grande quantidade de outras leis, essa existência individual seria uma anomalia ética, uma existência impossível.

— O indivíduo e seu pertencimento grupal

Com isso insinua-se uma diferença de nível entre a massa e o indivíduo que só pode surgir e ser concebida desde que, no indivíduo, as mesmas qualidades e os modos de comportamento com os quais ele "forma a massa" – e com o qual ele se introduz no espírito comum – sejam separadas das demais, que simultaneamente constituem sua propriedade privada e com as quais ele, como indivíduo, se separa do contexto partilhado com todos os demais. Mas aquela primeira parte de sua essência evidentemente só pode ser formada a partir dos elementos mais primitivos e inferiores, entendidos a partir dos sentidos de sofisticação e inteligência. E isso, em primeiro lugar, porque são eles que estão disponíveis com relativa segurança em todos os indivíduos.

Quando, por exemplo, o mundo dos organismos realiza um desenvolvimento gradual, que o leva das formas mais inferiores até as mais superiores; as mais inferiores e primitivas também são as mais antigas. Mas também são as mais disseminadas, porque o legado da espécie será transmitido ao indivíduo de maneira tão mais segura quanto mais longamente preservado e consolidado for esse legado. Órgãos recentemente adquiridos, como os superiores e mais complexos, são sempre variáveis, e não se pode dizer com convicção que cada exemplar da espécie irá dispor deles. A longevidade de um atributo herdado é o laço que estabelece uma verdadeira união entre as dimensões mais inferiores e sua expansão.

Mas não está em questão somente a hereditariedade em sentido puramente biológico. Também os elementos espirituais que se objetivaram em palavras e conhecimentos, em inclinações afetivas e normas de vontade e juízo, e que penetram o indivíduo como tradições conscientes e inconscientes, fazem isso de maneira tanto mais segura e universal quanto mais consolidada e evidente elas tenham crescido dentro do espírito de uma sociedade que se desenvolveu ao longo do tempo – isto é, quanto mais antigas forem as tradições. Na mesma medida, porém, elas também são menos complexas, até mesmo mais rudimentares, e por isso ficam mais próximas às expressões imediatas e às necessidades da vida. À medida que se elevam a um plano mais aprimorado e extraordinário, diminui a possibilidade de que sejam de propriedade de todos, passando assim a um outro âmbito: eles se tornam mais ou menos individuais, e apenas incidentalmente são partilhados com os outros indivíduos.

Apreço pelo antigo e apreço pelo novo

Com base nessa relação fundamental podemos explicar um fenômeno característico de toda a história da cultura: se, por um lado, o antigo enquanto tal desfruta de um apreço específico, o mesmo se dá com o novo e o excepcional. A respeito do primeiro não são necessárias muitas palavras. Talvez o apreço daquilo que sempre existiu e que foi herdado se deva não somente à sua camada de antiguidade e a seu encanto romântico-místico, mas também à circunstância aqui já enfatizada: o que é mais amplamente disseminado é também o que plantou raízes mais firmes em cada indivíduo; dentro de cada um, a ancestralidade habita na camada – ou perto dela – em que brotam os juízos mais instintivos, indemonstráveis e inatacáveis.

Quando, na alta Idade Média, se apresentavam perante a justiça dois documentos reais que se contradiziam a respeito de um objeto polêmico, em geral o mais antigo possuía mais força. Isso não se dava tanto pela crença na justiça mais apurada dos antigos, mas pelo fato de que o sentimento do que era mais justo estava determinado pela sua longa existência e disseminado por um âmbito muito mais amplo que o documento mais recente; o documento mais antigo era mais considerado porque a existência mais longa constituía a causa real do que corresponde ao sentimento de justiça da maioria. Admitindo que o mais antigo é também o mais simples, o menos especializado e o menos articulado – o que de fato precisa ser admitido, apesar de todas as exceções cabíveis –, não é exatamente por esses atributos que ele é mais acessível à maioria, mas também porque simplesmente é o mais antigo, sendo assim algo que foi transmitido a cada indivíduo, externa e internamente, com maior segurança, sendo por isso algo evidentemente mais justo e valioso.

Mas o mesmo pressuposto torna compreensível a apreciação oposta. O dito de Lessing – "Os primeiros pensamentos são os pensamentos de todos" – não significa outra coisa senão que os pensamentos instintivos – isto é, aqueles que surgem das camadas mais sólidas (porque vivas em nós há mais tempo) – são aqueles que estão mais amplamente disseminados. O que explica, por outro lado, o tom depreciativo de Lessing perante tais pensamentos. Assim, somente para além destes se pode começar a ter pensamentos dignos de valor, nos quais a individualidade e a novidade se mostrariam reciprocamente indissociáveis.

Na Índia, vemos que a ordenação hierárquica dos ofícios depende de sua ancestralidade; os mais novos são, em geral, tidos em maior conta – em razão, precisamente, do fato de que são os mais complexos, aprimorados, difíceis, e por isso somente realizáveis por talentos individuais. A razão do apreço pelo novo e pelo excepcional reside na "sensibilidade para a diferença" que há na constituição de nosso espírito. O que nossa consciência absorve, o que desperta nosso interesse, o que deve estimular nosso dinamismo precisa de alguma maneira se desprender do óbvio, do cotidiano que habita em nós e fora de nós.

— O significado sociológico da semelhança e da diferença entre indivíduos

Acima de tudo, o significado prático do ser humano é determinado por meio da semelhança e da diferença. Seja como fato ou como tendência, a semelhança com os outros não tem menos importância que a diferença com relação aos demais; semelhança e diferença são, de múltiplas maneiras, os grandes princípios de todo desenvolvimento externo e interno. Desse modo, a história da cultura da humanidade deve ser apreendida pura e simplesmente como a história da luta e das tentativas de conciliação entre esses dois princípios. Bastaria dizer que, para a ação no âmbito das relações do indivíduo, a diferença perante outros indivíduos é

46 Questões fundamentais da sociologia

muito mais importante que a semelhança entre eles. A diferenciação perante outros seres é o que incentiva e determina em grande parte a nossa atividade. Precisamos observar as diferenças dos outros caso queiramos utilizá-las e assumir o lugar adequado entre eles.

O objeto do interesse prático e que forma a base evidente da ação dinâmica é o que nos garante vantagem ou desvantagem perante os demais indivíduos, e não aqueles aspectos pelos quais coincidimos com eles. Darwin conta que, em sua relação com criadores de animais, ele jamais encontrou um que acreditasse na origem comum das espécies; o interesse pelo desvio que caracterizava a variante obtida e o valor prático que esta chegava a ter para ele ocupavam de tal modo a consciência que não restava lugar, nela, para a similaridade em comum com as outras raças e espécies.

É compreensível que esse interesse na diferença do que se possui expande-se conceitualmente para todas as relações do indivíduo. Pode-se dizer que, ante uma igualdade no geral que é tão importante objetivamente como uma diferença, para o espírito subjetivo, a primeira existirá mais na forma inconsciente, e a segunda, mais na forma consciente. A funcionalidade orgânica poupará a consciência, naquele caso, justamente por ela ser necessária para os fins práticos da vida. O interesse pela diferenciação chega a ser grande o suficiente para produzi-la na prática, mesmo onde não haja nenhum motivo objetivo para isso. Percebe-se, assim, que associações – desde grupos legislativos até agremiações com fins de diversão – com pontos de vista e objetivos unificados, após algum tempo, se desmembram em facções que se relacionam entre si da mesma maneira que, quando unidos, se mobilizariam contra um grupo de tendência radicalmente diferente. É como se cada individualidade sentisse seu significado tão somente em contraposição com os outros, a ponto de essa contraposição ser criada artificialmente onde antes não existia. Pode ocorrer mesmo quando a solidariedade e a unidade que almeja em sua busca de contraste derivam da existência de uma frente unida que se formou em contraposição a outra frente similar.

— A superioridade do indivíduo sobre a massa

O fato de que o novo, o excepcional ou o individual (evidentemente são esses apenas três aspectos distintos do mesmo fenômeno fundamental) se façam valer como o que há de mais selecionado, como a história da cultura e da sociedade repetidamente mostra, deve apenas iluminar o exemplo oposto: as características e os comportamentos com os quais o indivíduo, ao partilhá-los com os demais, forma a massa devem aparecer como valorativamente inferiores.

Aqui se apresenta o que se poderia chamar de o trágico da sociologia. O indivíduo pode possuir tantas qualidades aprimoradas, altamente desenvolvidas, cultivadas quantas quiser – mas é justamente por isso que, quanto mais frequente isso se dê, tanto mais inverossímil será a igualdade e, portanto, a formação de uma unidade desse indivíduo com as qualidades dos outros. Assim, ele irá se orientar para uma dimensão incomparável, e aquilo pelo qual se equipara com os outros de maneira sólida – e que pode formar uma massa única e característica – será reduzido a camadas inferiores e sensorialmente primitivas. Pode realmente acontecer que se fale com desprezo do "povo" e da "massa" sem que com isso o indivíduo se sinta atingido, pois realmente não é

48 Questões fundamentais da sociologia

dele que se trata: quando se considera o indivíduo em si e em seu todo, ele possui qualidades muito superiores àquelas que introduz na unidade coletiva.

Essa relação foi classicamente formulada por Schiller: "Cada um, visto como indivíduo, é inteligente e sagaz. *In corpore* (em corporação), temos logo um tolo à nossa frente." Enfatizando mais acentuadamente o elemento das individualidades, que, partindo dos mais variados lados, deixam como traço comum somente os estratos da personalidade situados nas dimensões mais inferiores, Heine se expressou a respeito dessa relação: "Raramente vocês me compreenderam; / raramente os compreendi; / somente quando nos encontramos no lodaçal, / logo nos compreendemos."

Essa diferença de nível entre o sujeito indivíduo e o sujeito massa de tal modo se dissemina pela existência social, e com tantas consequências, que vale a pena ainda examinar alguns exemplos. Eles vêm de autoridades com posições históricas extremamente diversas e que, contudo, são similares, no sentido de que essas posições propiciam observações excepcionais sobre o fenômeno coletivo. Sólon afirmou que cada um dos seus atenienses era uma raposa astuta; mas, reunidos na *Pnyx*, eram ovelhas no rebanho. Ao descrever o procedimento do Parlamento de Paris no tempo dos frondistas, o cardeal Retz, em suas memórias, anotou que inúmeras corporações, mesmo quando tinham entre suas fileiras diversas pessoas extremamente cultas e dignas, ao proceder e deliberar em conjunto, agiam como a plebe, isto é, eram regidas pelas mesmas concepções e paixões que o povo comum. Frederico o Grande expressou-se de maneira semelhante a Sólon, ao dizer que seus generais eram os homens mais inteligentes em conversas individuais, porém, uma vez reunidos em conselhos de guerra, tornavam-se asnos.

O historiador inglês E.A. Freeman observa algo semelhante ao afirmar que a Câmara dos Comuns é uma corporação aristocrática quando se leva em consideração o nível daqueles que a compõem. Porém, reunidos, eles iriam se comportar exatamente da mesma maneira que um bando de democratas. O grande conhecedor das corporações inglesas afirmou que muitas vezes as reuniões dessa Câmara de tal modo chegavam às conclusões mais tolas e prejudiciais que a maioria dos representantes abandonavaas em favor das assembleias de delegados.

Isso é confirmado por observações que, insignificantes em seus conteúdos, tornam-se sociologicamente importantes, não somente pelo seu caráter massivo, mas também porque são símbolos de situações e acontecimentos historicamente importantes. O comer e o beber, as funções mais antigas e, espiritualmente falando, as mais vazias, são o meio de reunião – frequentemente o único – que propicia a ligação entre pessoas e círculos mais heterogêneos. Mesmo os encontros sociais entre pessoas muito cultas mostram a tendência a desembocar no relato das anedotas mais baixas. É com esses jogos sociais, que trazem consigo o caráter espiritualmente mais primitivo e despido de ambição, que se chega à alegria sem limites e ao sentimento de união desprovido de qualquer reserva nos círculos dos mais jovens. Por isso, a necessidade de prestar tributo às grandes massas – e sobretudo a necessidade de se expor continuamente a elas – arruína facilmente o caráter: ela rebaixa o indivíduo, retirando-o da posição elevada obtida por sua formação e levando-o a um ponto no qual ele pode se adequar a qualquer um.

Quando se considera questionável a pretensão de um jornalista, de um ator ou de um demagogo de "procurar conquistar o gosto da massa", essa crítica não é legítima se essa massa consiste na soma de existências puramente individuais, que não ofereceriam qualquer motivo para desprezo. Na verdade, porém, a massa não é essa soma, e sim um novo fenômeno que surge não da individualidade plena de cada um de seus participantes, mas daqueles fragmentos de cada um que coincidem com os dos demais. Esses fragmentos, contudo, não passam dos mais primitivos, aqueles que ocupam o lugar mais baixo no desenvolvimento. A *essa* massa, e ao nível que deve sempre ser acessível a cada um de seus elementos, servem as personalidades ética e espiritualmente em perigo – e não a cada um de seus elementos em si mesmos.

— A simplicidade e o radicalismo da massa

Está claro que esse nível não permite todos os modos de comportamento que pressupõem uma pluralidade de alternativas eficientes em sua justaposição. Por esse motivo, todas as ações das massas fogem dos desvios, e, bem-sucedidas ou não, seguem, em busca de seu objetivo, o caminho traçado pela linha mais curta. São sempre dominadas por *uma* ideia, de preferência a mais simples possível. É muito pequena a possibilidade de que cada integrante de uma grande massa tenha em sua consciência e em sua convicção um complexo de pensamentos que seja ao mesmo tempo variado e idêntico ao dos demais.

Diante das condições complexas em que vivemos, qualquer ideia que busque encontrar adeptos deve ser radical e negar todas as outras variadas ambições com as quais ela se confronta. É compreensível que, em geral, nos períodos em que as grandes massas são postas em movimento, os partidos radicais ganhem tanta força, enquanto os partidos mediadores, que insistem no direito dos dois lados, se enfraqueçam.

Extraordinariamente característico para estabelecer a diferença entre a natureza dos gregos e a dos romanos era o fato de que os cidadãos gregos, como massa unificada, votavam sob a impressão imediata do orador, ao passo que os romanos o faziam por intermédio de grupos sólidos, que se apresentavam de certa maneira como indivíduos (*centuriatim, tributim* etc). Também são compreensíveis a relativa serenidade e a sensatez com as quais os romanos tomavam suas decisões, em contraposição à paixão e à irreflexão que frequentemente marcavam as decisões gregas. Dessa homofonia espiritual da massa surgem também certas virtudes negativas, que se opõem àqueles que pressupõem uma pluralidade de alternativas conscientes e simultâneas: a massa não mente e não dissimula. Mas, com base nessa mesma constituição espiritual, falta-lhe em geral também a consciência de responsabilidade.

— A emotividade da massa e da atração da massa

Supondo-se uma sequência evolutiva genética e sistemática das expressões do espírito, seria possível tomar o sentimento (naturalmente não *todos* os sentimentos), em contraposição ao intelecto, como o que há de mais primário e universal. De toda maneira, desejo e dor, assim como certos sentimentos instintivos que servem à preservação do indivíduo e da espécie, desenvolveram-se antes de qualquer conceito, juízo e conclusão. Na formação do intelecto, mais que em qualquer outra parte, fica sobretudo pa-

52 Questões fundamentais da sociologia

tente o recuo do nível social diante do individual, enquanto no âmbito do sentimento acontece o contrário.

Perante as ponderações apresentadas, não constitui contradição o que Carl Maria von Weber disse a respeito do grande público: "O indivíduo é a voz do asno, e o todo é a voz de Deus." Essa é a experiência do músico, a saber, clamar pelo *sentimento* da massa, e não pelo seu intelecto.

Por esse motivo, qualquer pessoa que tenha pretendido agir sobre as massas sempre conseguiu fazer isso apelando para os sentimentos, e muito raramente lançando mão da discussão teórica articulada. E isso vale sobretudo para massas aglomeradas dentro de um espaço determinado. Aqui há algo que se poderia chamar de nervosismo coletivo: uma sensibilidade, uma paixão, uma excentricidade frequentemente próprias das grandes massas, raramente demonstradas em qualquer um de seus integrantes considerado isoladamente.

O mesmo pode ser observado nos animais que vivem em bandos: o mais silencioso bater de asas, o menor salto de um indivíduo provoca pânico em todo o bando. As massas também se caracterizam por estímulos casuais que produzem enormes efeitos, pela avalanche da maioria dos impulsos de amor e ódio, pela excitação às vezes totalmente incompreensível, na qual ela, sem refletir, se precipita do pensamento à ação, arrastando consigo o indivíduo, sem qualquer resistência. Esse fenômeno se deve provavelmente à influência mútua, ocorrida por intermédio das emanações de sentimentos difíceis de se detectar. Como se produzem entre todos e dentro de cada um, os sentimentos acabam por se somar, em cada um deles, a uma excitação que não se explica nem pela coisa, nem pelo indivíduo em si.

Este é um dos fenômenos estritamente sociológicos mais puros e mais reveladores: o indivíduo se sente tomado pelo "humor" da massa como se fosse assaltado por uma violenta força exterior que é indiferente ao seu ser e querer individuais – e no entanto a massa consiste somente nesses indivíduos. Sua interação pura e simples desenvolve uma dinâmica a qual, por sua grandeza, aparece como algo objetivo que oculta de cada um dos participantes sua própria contribuição particular. De fato, cada indivíduo também arrebata, ao mesmo tempo que é arrebatado.

Essa elevação extremada do sentimento, dada somente pelo estar junto, pode ser constatada em um exemplo bem simples com base em um relato sobre os quacres. Nesse exemplo, por mais que a interioridade e o subjetivismo do princípio religioso contradigam na verdade toda comunhão da missa, esta de fato se faz presente, ainda que frequentemente os quacres fiquem por várias horas sentados juntos em silêncio. A comunhão é justificada pelo fato de que ela pode servir para nos aproximar do espírito de Deus. Posto que Deus consiste, para eles, somente em uma inspiração e uma exaltação nervosas, aparentemente, o mero estar junto em silêncio também precisa evocá-lo. Um quacre inglês do século XVII descreve fenômenos extáticos que ocorrem em um integrante do grupo reunido, e prossegue: em razão da união de todos os membros de uma comunidade em *um* corpo, frequentemente todos partilham desse estado, e de modo tal que uma aparição enriquecedora e arrebatadora, dada à luz do dia, arrasta irresistivelmente consigo muitas pessoas para o grupo. Inúmeros casos ensinam que a intensificação do grau emocional – como se o número daqueles que estão fisicamente próximos fosse em certa medida o multiplicador da potência do sentimento portado pelo indivíduo – passa longe da intelectualidade desse indivíduo.

Por centenas de vezes, no teatro ou em reuniões, todos nós gargalhamos de piadas que, em um quarto, não teriam a menor graça. Mesmo piadas vergonhosamente inofensivas são registradas nos relatórios parlamentares seguidas pela anotação "Risos". E não somente as inibições críticas do entendimento, mas também as morais, ficam facilmente em suspenso nesse estado sociológico de inebriação. Somente ele explica os crimes de massa, a respeito dos quais, posteriormente, cada participante isoladamente declara sua inocência – com consciência subjetiva limpa e também não desprovidos de razão objetiva, uma vez que a predominância excessiva dos sentimentos destrói as forças do espírito que habitualmente sustentam a consistência e a estabilidade da pessoa, e, portanto, sua responsabilidade. O arrebatamento da massa pode ser direcionado também para um lado eticamente valioso: é capaz de produzir um entusiasmo nobre e uma dedicação irrestrita que não eliminam seu caráter distorcido e irresponsável. Isso apenas mostra de maneira ainda mais clara que o arrebatamento nos coloca para além dos padrões de valor que a consciência individual, com eficácia prática ou não, já desenvolvera.

— O nível da sociedade como aproximação do nível comum inferior de seus integrantes

Com base em tudo o que se disse anteriormente, é possível entender a formação de um nível social por meio da seguinte fórmula valorativa: o que é comum a todos só pode ser de posse daquele que menos possui. Isso está simbolizado na noção material de "propriedade". Foi oficialmente reconhecido em 1407, na Inglaterra, que a iniciativa para a dotação financeira deveria pertencer à Câmara dos Comuns. Um especialista em história constitucional daquela época indica expressamente como motivo básico para isso que era da competência do mais pobre dos três estados determinar a medida máxima da contribuição de todos. O que todos podem dar de maneira igual equivale à cota do mais pobre. Aqui também se encontra o motivo mais puramente sociológico entre todos: o usurpador que pretende subjugar uma sociedade já em si mesma dividida deverá se apoiar sobre as camadas inferiores, pois, para se elevar sobre todos da mesma maneira, ele precisa nivelá-los. Mas isso não se obtém pela ascensão de quem está em plano inferior, e sim pela descida de quem está situado mais acima.

Por esse motivo, é totalmente ilusório chamar de "mediano" o nível de um conjunto visto como unidade e que na prática atua como unidade. A "média" significaria que a dimensão de cada indivíduo somar-se-ia igualmente à de outro, e o resultado proviria da divisão pelo número de indivíduos. Isso envolveria uma elevação daqueles que se situam em nível mais baixo, o que não é factível. Muito mais *próximo*, porém, do nível destes últimos se encontra o da totalidade, uma vez que todos os seus portadores participariam dele com a mesma medida de valor e a mesma medida de eficácia. O caráter do comportamento coletivo não se situa no "meio", e sim no limite inferior dos participantes. Se não me engano, o uso da linguagem já retificou internamente esse fato, visto que a palavra "mediocridade" não significa para nós, em absoluto, a real média dos valores de uma totalidade de existências ou esforços, e sim um valor qualitativo que se situa bem *abaixo* da média.

Nesse marco estreito só há espaço para curtos trechos dos caminhos sociológicos, e não para sua totalidade. Nossa preocupação não deve se dirigir, portanto, para um estabelecimento definitivo da matéria de que trata nossa ciência, mas apenas para um esboço da forma e do método de lidar com essa matéria. Assim, sugiro aqui, provisoriamente, duas das inúmeras qualidades que podem ser mencionadas quando se trata da concepção geral dos níveis sociais que apresentei.

Em primeiro lugar, esse nível jamais será fixado no mais inferior de *todos* os seus integrantes, e sim, como já indiquei, apenas tenderá a esse nível, mantendo-se, na maioria das vezes, um tanto acima dele. Isso se deve ao fato de que os elementos mais elevados expressam, de diversas maneiras, uma resistência contra o rebaixamento coletivista. Essa resistência se mistura a uma certa detenção da ação coletiva antes que ela atinja seu nível mais baixo.

Mais profunda é uma outra restrição que o próprio esquema encontra – e que a princípio é reconhecida como correta. Essa restrição afirma o seguinte: o ser e o ter igual para todos só pode ser aquele no qual quem menos tem é o de nível inferior. A criação da massa como constructo intelectual, contudo, é a equiparação de nível entre pessoas heterogêneas. Isso só pode ocorrer por meio do rebaixamento dos elementos mais elevados, e jamais pela elevação – sempre impossível – de tudo o que é inferior.

Esse mecanismo psicológico deve ser questionado, porque o rebaixamento do que é elevado *nem* sempre é possível. Toda essa ponderação se baseava – naturalmente de maneira muito grosseira e problemática – na concepção de uma estrutura espiritual formada de diferentes camadas. Na parte inferior estão os elementos primitivos, desprovidos de espírito, biologicamente mais estabelecidos, e por isso supostamente universais; no topo se situam as camadas mais excepcionais pelo conteúdo, as mais jovens e, finalmente, as mais sutis, que se diferenciam até a completa individualidade.

Isso permite-nos conceber uma possível extirpação mesmo da formação mais elevada da individualidade, consciente ou inconscientemente, e que o comportamento do indivíduo poderia ser exclusivamente determinado pelas camadas mais primitivas. Daí resultaria um espírito comum unitário, composto por contribuições iguais. Só que, por mais frequentemente que isso ocorra, tal fenômeno *nem sempre* se dá.

Para alguns indivíduos, as camadas inferiores estão ligadas às superiores de maneira tão firme que torna aplicável a sedutora analogia física, segundo a qual o homem pode sempre decair com facilidade, mas dificilmente pode ascender. No âmbito ético isso é, sem maiores delongas, óbvio. Qualidades como ânsia de prazer, crueldade, cobiça e mentira são as que se encontram no nível mais baixo das camadas do espírito. Para uma pessoa mais nobre – mesmo que não esteja livre de rudezas e vontades inconfessáveis –, seria impossível se comportar nesse nível em sua ação e abrir mão de suas qualidades, mesmo em prol de uma inofensiva queda de nível. Essa impossibilidade ultrapassa de muito o âmbito ético.

O serviçal certamente não entende o herói justamente porque não pode se elevar à sua altura. Mas o herói também não entende o serviçal exatamente porque não pode se rebaixar à sua posição de subordinado. Uma diferença altamente característica entre os homens é saber se *estão em condições* de silenciar suas forças e seus interesses perante as forças e os interesses inferiores, uma vez que estes, em alguma medida, também estão presentes neles. Este é um dos motivos pelos quais, em todos os tempos, certas personalidades intelectuais e proeminentes se mantiveram distantes da vida pública, especialmente porque, em face de um possível papel de líder, essas mesmas personalidades sentiam o que certa vez formulou um grande político ao seu partido: "Sou seu líder, portanto devo segui-los." Apesar da declaração de Bismarck, segundo a qual a "política sempre corrompe o caráter", esse desprezo não pode em si mesmo indicar que o indivíduo abstinente é mais valoroso que as pessoas de vida pública. A declaração antes revela certa fraqueza e deficiência de autoconfiança nas camadas mais elevadas, caso não ousem rebaixar-se drasticamente de nível social, como é exigido na luta contra a hierarquia – que é sempre uma luta pelo nível mais alto. Torna-se, assim, evidente que os seres humanos individualmente mais elevados, sempre que se omitem do contato com o nível social inferior, impedem sua elevação social.

3 —

A sociabilidade
(Exemplo de sociologia pura ou formal)

O motivo básico pelo qual, após sua descrição no capítulo introdutório, a "sociologia pura" se constituiria como área específica de problemas precisa ser agora novamente formulado por meio de um exemplo de sua aplicação. Pois esse motivo não determina somente o princípio de pesquisa mais geral e partilhado com os outros princípios, mas produz ele mesmo o *material* para o caso de aplicação a ser descrito.

— Conteúdos (materiais) *versus* formas de vida social

O motivo decisivo se estabelece por intermédio de dois conceitos: é possível diferenciar, em cada sociedade, forma e conteúdo; a própria sociedade, em geral, significa a interação entre indivíduos. Essa interação surge sempre a partir de determinados impulsos ou da busca de certas finalidades. Instintos eróticos, interesses objetivos, impulsos religiosos, objetivos de defesa, ataque, jogo, conquista, ajuda, doutrinação e inúmeros outros fazem com que o ser humano entre, com os outros, em uma relação de convívio, de atuação com referência ao outro, com o outro e contra o outro, em um estado de correlação com os outros. Isso quer dizer que ele exerce efeito sobre os demais e também sofre efeitos por parte deles. Essas interações significam que os portadores individuais daqueles impulsos e finalidades formam uma unidade – mais exatamente, uma "sociedade".

Defino assim, simultaneamente, como conteúdo e matéria da sociação, tudo o que existe nos indivíduos e nos lugares concretos de toda realidade histórica como impulso, interesse, finalidade, tendência, condicionamento psíquico e movimento nos indivíduos – tudo o que está presente nele de modo a engendrar ou mediatizar os efeitos sobre os outros, ou a receber esses efeitos dos outros.

Em si e para si, essas matérias com as quais a vida se preenche, essas motivações que a impulsionam, não têm natureza social. A fome, o amor, o trabalho, a religiosidade, a técnica, as funções ou os resultados da inteligência não são, em seu sentido imediato, por si sós, sociais. São fatores da sociação apenas quando transformam a mera agregação isolada dos indivíduos em determinadas formas de estar com o outro e de ser para o outro que pertencem ao conceito geral de interação. A sociação é, portanto, a forma (que se realiza de inúmeras maneiras distintas) na qual os indivíduos, em razão de seus interesses – sensoriais, ideais, momentâneos, duradouros, conscientes, inconscientes, movidos pela causalidade ou teleologicamente determinados –, se desenvolvem conjuntamente em direção a uma unidade no seio da qual esses interesses se realizam. Esses interesses, sejam eles sensoriais, ideais, momentâneos, duradouros, conscientes, inconscientes, casuais ou teleológicos, formam a base da sociedade humana.

— ## A autonomização dos conteúdos

Nessa conjuntura se aplica uma função espiritual de significado altamente abrangente. Com base nas condições e nas necessidades práticas, nossa inteligência, vontade, criatividade e os movimentos afetivos, elaboramos o material que tomamos do mundo. De acordo com nossos propósitos, damos a esses materiais determinadas formas, e apenas com tais formas esse material é usado como elemento de nossas vidas. Mas essas forças e esses interesses se liberam, de um modo peculiar, do serviço à vida que os havia gerado e aos quais estavam originalmente presos. Tornam-se autônomos, no sentido de que não se podem mais separar do objeto que formaram exclusivamente para seu próprio funcionamento e realização.

Por exemplo, todo conhecimento parece ter um sentido na luta pela existência. Saber o verdadeiro comportamento das coisas tem uma utilidade inestimável para a preservação e o aprimoramento da vida. Mas o conhecimento não é mais usado a serviço dos propósitos práticos: a ciência tornou-se um valor em si mesma. Ela escolhe seus objetos por si mesma, modela-os com base em suas necessidades internas, e nada questiona para além de sua própria realização.

Outro exemplo é a interpretação de realidades, concretas ou abstratas, segundo unidades espaciais, rítmicas ou sonoras, de acordo com seu significado ou organização, que seguramente surgiu das exigências de nossa prática. Contudo, essas interpretações tornam-se fins em si mesmas e exercem seu efeito por sua própria força e sua própria lei, seletivas e criativas, independentemente de seu emaranhado com a vida prática, e não por causa dela. Aí está a origem da arte, totalmente separada da vida e retirando dela só o que lhe serve. A arte cria a si mesma, simultaneamente, pela segunda vez. E no entanto as formas por meio das quais ela cria e nas quais ela consiste se criaram nas exigências e na dinâmica da vida.

A mesma dialética determina o direito em sua essência. A partir das exigências impostas pela existência da sociedade, firmam-se certos modos de conduta individuais que, nesse estágio, são válidos e ocorrem exclusivamente por essas imposições práticas. À medida que o "direito" já surgiu, este não é mais o sentido de sua realização. As condutas somente devem ocorrer porque são "legais", indiferentes à vida que originalmente as produziu e as dominou até o *fiat justitia, pereat mundus* ("que se faça justiça, mesmo que o mundo pereça"). Por mais que o comportamento relativo ao direito tenha suas raízes nas finalidades sociais da vida, o direito propriamente dito não tem qualquer "finalidade", justamente porque ele não é mais meio. Ele se determina a partir de si mesmo, e não em função da legitimação de uma outra instância superior e extrínseca que ditaria como se deve formar a matéria da vida.

Essa guinada – da determinação das formas pelas matérias da vida para a determinação de suas matérias pelas formas que se tornam valores definitivos – talvez opere de modo mais extensivo em tudo aquilo que chamamos de *jogo*. As forças, as carências e os impulsos reais da vida produzem as formas de nosso comportamento desejável para o jogo. Essas formas, contudo, se tornam autônomas dos conteúdos e estímulos autônomos dentro do próprio jogo, ou melhor, *como* jogo. Caçar, conquistar, comprovar forças físicas e espirituais, competir, pôr-se à mercê do acaso e do capricho de poderes sobre os quais não se tem qualquer influência – tudo isso que antes aderia à vida em sua seriedade agora se subtrai a seu fluxo, à sua matéria, desapega-se da vida. Autonomamente, escolhe ou cria os objetos nos quais irá se testar e representar-se em sua pureza. Isso confere ao jogo tanto sua alegria quanto seu significado simbólico, tornando-o diferente do puro divertimento.

Aqui se encontra a analogia legítima entre jogo e arte. Tanto na arte como no jogo, as formas que se desenvolveram a partir da realidade da vida criaram seu domínio autônomo com relação à realidade. É de sua origem – que as mantêm atreladas à vida – que retiram sua força e sua profundidade. Sempre que arte e jogo se esvaziam de vida, tornam-se artifício e mero entretenimento [*Spielerei*]. Assim, seu significado e sua essência se encontram justamente nessa mudança fundamental pela qual as formas criadas pelas finalidades e pelas matérias da vida se desprendem dela e se tornam finalidade e matéria de sua própria existência. Assimilam das realidades da vida somente o que pode se conformar à sua própria natureza e ser absorvido em sua existência autônoma.

— A sociabilidade como forma autônoma ou forma lúdica da sociação

Esse processo também opera na separação daquilo que denominei de "conteúdo" e "forma" da existência social. O que é autenticamente "social" nessa existência é aquele ser com, para e contra

64 Questões fundamentais da sociologia

os quais os conteúdos ou interesses materiais experimentam uma forma ou um fomento por meio de impulsos ou finalidades. Essas formas adquirem então, puramente por si mesmas e por esse estímulo que delas irradia a partir dessa liberação, uma vida própria, um exercício livre de todos os conteúdos materiais; esse é justamente o fenômeno da sociabilidade.

Quando os homens se encontram em reuniões econômicas ou irmandades de sangue, em comunidades de culto ou bandos de assaltantes, isso é sempre o resultado das necessidades e de interesses específicos. Só que, para além desses conteúdos específicos, todas essas formas de sociação são acompanhadas por um sentimento e por uma satisfação de estar justamente socializado, pelo valor da formação da sociedade enquanto tal. Esse impulso leva a essa forma de existência e que por vezes invoca os conteúdos reais que carregam consigo a sociação em particular. Assim como aquilo que se pode chamar de impulso artístico retira as formas da totalidade de coisas que lhe aparecem, configurando-as em uma imagem específica e correspondente a esse impulso, o "impulso de sociabilidade", em sua pura efetividade, se desvencilha das realidades da vida social e do mero processo de sociação como valor e como felicidade, e constitui assim o que chamamos de "sociabilidade" [*Geselligkeit*] em sentido rigoroso.

Não é por mero acidente do uso da linguagem o fato de que a sociabilidade, mesmo a mais primitiva, quando assume qualquer sentido e consistência, dê grande valor à *forma*, à "forma correta". Pois a forma é a mútua determinação e interação dos elementos pelos quais se constrói uma unidade. Posto que, para a sociabilidade, se colocam de lado as motivações concretas ligadas à delimitação de finalidades da vida, a forma pura, a inter-relação interativa dos indivíduos, precisa ser acentuada com o máximo de força e eficácia.

A sociabilidade se poupa dos atritos por meio de uma relação meramente formal com ela. Todavia, quanto mais perfeita for como sociabilidade, mais ela adquire da realidade, também para os homens de nível inferior, um papel simbólico que preenche suas vidas e lhes fornece um significado que o racionalismo superficial busca somente nos *conteúdos* concretos. Por isso, como não os encontra ali, esse racionalismo sabe apenas desmerecer a sociabilidade como se ela fosse um conjunto oco. Mas não é desprovido de significado o fato de que, em muitas – talvez em todas – línguas europeias, "sociedade" signifique exatamente "convivência *sociável*". Uma sociedade mantida por alguma finalidade consciente, seja ela estatal ou econômica, é "sociedade" no sentido amplo do termo. Mas somente o sociável é exatamente uma "sociedade", sem qualquer outro atributo, porque representa a forma pura, acima de todo conteúdo específico de todas as "sociedades" unilateralmente caracterizadas. Isso nos fornece uma imagem abstrata, na qual todos os conteúdos se dissolvem em mero jogo formal.

Irrealidade, tato, impessoalidade

Tomando por base as categorias sociológicas, defino então a sociabilidade como a *forma lúdica de sociação*, e – *mutatis mutandis* – algo cuja concretude determinada se comporta da mesma maneira como a obra de arte se relaciona com a realidade. Em primeiro lugar, somente dentro da sociabilidade o grande problema, ou mesmo o maior problema da sociedade, chega a uma solução possível: qual o peso e o significado do indivíduo como tal na

66 Questões fundamentais da sociologia

circunstância social e diante desta? Na medida em que a sociabilidade, em suas configurações puras, não tem qualquer finalidade objetiva, qualquer conteúdo ou qualquer resultado que estivesse, por assim dizer, fora do instante sociável, se apoiaria totalmente nas personalidades. Nada se deve buscar além da satisfação desse instante – quando muito, de sua lembrança. Assim, o processo permanece exclusivamente limitado aos seus portadores, tanto em seus condicionantes quanto em seus efeitos.

As qualidades pessoais de amabilidade, educação, cordialidade e carisma de todo tipo decidem sobre o caráter do ser em comunidade. Mas, justamente por esse motivo, porque tudo aqui se apoia nas personalidades, elas não devem ser enfatizadas de modo tão individual. Quando os interesses reais, em cooperação ou colisão, determinam a forma social, eles mesmos já cuidam para que o indivíduo não apresente sua especificidade e singularidade de modo tão ilimitado e autônomo. Mas onde essa condição não ocorre, é necessário que o refreamento se dê apenas a partir da comunhão com os outros, outra maneira de redução da primazia e da relevância da personalidade individual.

Por essa razão *o sentido do tato* tem um grande significado na sociedade, uma vez que leva à autorregulação do indivíduo em sua relação com os outros, e num nível em que nenhum interesse egoísta, externo ou imediato, possa assumir a função reguladora. Talvez seja a ação específica do tato que marque os limites para os impulsos individuais, para a ênfase no eu e para as ambições espirituais e externas, sendo talvez a ação específica que sustente a legitimidade do outro.

Surge aqui uma estrutura sociológica bastante peculiar. Na sociabilidade não entram o que as personalidades possuem em termos de significações objetivas, significações que têm seu centro fora do círculo de ação; riqueza, posição social, erudição, fama, capacidades excepcionais e méritos individuais não desempenham qualquer papel na sociabilidade. Quando o fazem, não passam de uma leve nuança daquela imaterialidade com a qual apenas à realidade é permitido penetrar o artifício social da sociabilidade.

Assim, esse caráter objetivo, que gira em torno da personalidade, precisa se separar de sua função como elemento da sociabilidade. O mesmo se dá com o que há de mais puro e profundo na personalidade: tudo o que representa de mais pessoal na vida, no caráter, no humor, no destino, não tem qualquer lugar nos limites da sociabilidade. É uma falta de tato – porque contradiz os momentos aqui exclusivamente dominantes de efeitos *mútuos* – levar para a sociabilidade bons e maus humores meramente pessoais, excitações e depressões, a luz e a obscuridade da vida profunda. Mesmo no que há de mais superficial ocorre essa exclusão da personalidade.

Em uma reunião realmente pessoal e íntima, uma moça não iria se apresentar com tantos gracejos diante dos homens como ela poderia fazer em uma grande sociedade. Nesta, ela não se sente engajada como indivíduo, e por esse motivo pode se revelar por sob a máscara da liberdade impessoal, posto que é *somente* ela mesma, mas não é *totalmente* si mesma, constituindo apenas um elemento em uma reunião formalmente conduzida.

"Limiar da sociabilidade"

O ser humano como um todo é, por assim dizer, um complexo ainda informe de conteúdos, formas e possibilidades. De acordo com as motivações e relações da existência cambiante, ele se configura em uma imagem diferente e delimitada. Como homem

68 Questões fundamentais da sociologia

econômico ou político, como membro de uma família ou como representante de uma profissão, ele é, a cada vez, uma elaboração construída *ad hoc*. Seu material de vida é determinado, a cada vez, por uma ideia específica, convertida em uma forma específica, cuja vida relativamente autônoma é alimentada por uma fonte de força do eu comum, imediata porém indefinível. Nesse sentido, o homem é, como ser sociável, uma figura muito singular, que em nenhuma outra relação mostra-se tão perfeita. Por um lado ele se livra de todos os significados materiais da personalidade e entra na forma sociável apenas com as capacidades, os estímulos e interesses de sua humanidade pura. Por outro lado, essa figura depara com tudo o que é subjetivo e puramente individual na personalidade.

A discrição – a primeira condição de sociabilidade perante o outro – é, da mesma maneira, imprescindível com relação a si mesmo, porque sua infração faria com que, em ambos os casos, a forma sociológica artificial da sociabilidade degenerasse em um naturalismo sociológico. Pode-se também falar de uma *onda de sociabilidade* superior e inferior para os indivíduos. Tanto no momento em que o estar junto se apoia em um conteúdo e em uma finalidade objetivas, como no momento em que o fator absolutamente pessoal e subjetivo do indivíduo aparece sem qualquer reserva, a sociabilidade não é mais o elemento central e formador, mas, no máximo, continua a ser o princípio mais formalista superficial e mediador.

O "impulso sociável" e a natureza democrática da sociabilidade

Talvez seja possível determinar o motivo formal positivo da sociabilidade que corresponde à sua determinação negativa por meio de fronteiras e limiares. Kant estabeleceu como princípio do direito que cada qual deveria ter sua medida de liberdade na coexistência com a liberdade do outro. Quando nos atemos ao impulso sociável como fonte ou também como substância da sociabilidade, vemos que o princípio segundo o qual ela se constitui é: cada qual deve satisfazer esse impulso na medida que for compatível com a satisfação do mesmo impulso nos outros. Expressando esse princípio a partir do êxito, e não do impulso, torna-se possível formular da seguinte maneira o princípio da sociabilidade: cada indivíduo deve *garantir* ao outro aquele máximo de valores sociáveis (alegria, liberação, vivacidade) compatível com o máximo de valores *recebidos* por esse indivíduo.

Assim como a lei kantiana é inteiramente democrática, esse princípio também mostra a estrutura democrática de toda sociabilidade. Esse caráter democrático só pode ser realizado no interior de um estrato social – já que, muitas vezes, uma sociabilidade entre membros de diferentes estratos sociais se torna algo contraditório e constrangedor. A igualdade, como vimos, resulta da eliminação, por um lado, do que é inteiramente pessoal, e por outro lado, do que é inteiramente material, ou seja, daquilo que a sociação encontra previamente como seu material e do qual se despe em sua condição de sociabilidade.

A democracia da sociabilidade, mesmo entre aqueles socialmente iguais, é *um jogo de cena*. A sociabilidade cria, caso se queira, um mundo sociologicamente ideal: nela, a alegria do indivíduo está totalmente ligada à felicidade dos outros. Aqui, ninguém pode em princípio encontrar sua satisfação à custa de sentimentos alheios totalmente opostos aos seus. Essa possibilidade é excluída por várias outras formas sociais que não a sociabilidade. Em todas elas, contudo, essa exclusão se dá por imperativos éticos supe-

70 Questões fundamentais da sociologia

rimpostos. Somente na sociabilidade ela é dada por princípios intrínsecos da própria forma social.

O mundo artificial da sociabilidade

No entanto, esse mundo da sociabilidade, o único em que é possível haver uma democracia sem atritos entre iguais, é um mundo *artificial*, construído a partir de seres que desejam produzir exclusivamente entre si mesmos essa interação pura que não seja desequilibrada por nenhuma tensão material.

Seria um erro imaginar que entramos na sociabilidade puramente "como seres humanos", como aquilo que realmente somos, deixando de lado todas as atribulações, as idas e vindas, os excessos e as carências com os quais a vida real deforma a pureza de nossa imagem. Isso acontece porque a vida moderna está saturada de conteúdos objetivos e exigências práticas. Uma vez que nos desfazemos deles no círculo sociável, acreditamos retornar à existência natural de pessoa. Mas com isso esquecemos que o homem sociável é constituído por esse aspecto pessoal, não em seu caráter específico e em sua plenitude natural, mas somente a partir de uma certa reserva e de uma estilização.

Em tempos remotos, quando esse ser humano ainda não precisava obter vantagens de conteúdos materiais e objetivos, sua forma emergia mais plena e distintamente em contraste com sua existência *pessoal*. Por esse motivo, o comportamento pessoal na sociabilidade era, em tempos remotos, muito mais cerimonioso, acanhado e supraindividualmente regulamentado e rigoroso do que hoje. Essa redução do caráter pessoal à interação homogênea com os outros impõe ao indivíduo mover-se para o polo oposto: um comportamento específico da sociabilidade é a cortesia, com a qual o forte e o extraordinário não somente se igualam aos mais fracos, como também agem como se o fraco fosse o mais valoroso e superior.

Se a sociação é sobretudo interação, então o caso mais puro de sociação é aquele que ocorre entre iguais, assim como simetria e equilíbrio são os elementos mais visíveis e ilustrativos das formas artísticas de estilização. Abstraída da sociação pela arte e pelo jogo, a sociabilidade demanda o tipo mais puro, claro e atraente de interação, aquela que se dá *entre iguais*. Pela sua natureza, ela precisa criar seres humanos que se desapegam de seus conteúdos objetivos e que, assim, modificam seu significado interno e externo para se tornarem sociavelmente iguais. Cada qual só pode obter para si os valores de sociabilidade se os outros com quem interage também os obtenham. É o jogo do "faz de conta", faz de conta que todos são iguais, e, ao mesmo tempo, *faz de conta que cada um é especialmente honrado*.

O "faz de conta" não é uma mentira, assim como não o são o jogo e a arte, com todos os seus desvios da realidade. O jogo só se torna mentiroso quando a ação sociável e o discurso se tornam simples instrumentos das intenções e dos acontecimentos da realidade prática – assim como a pintura se torna mentirosa quando pretende simular panoramicamente a realidade. O que é correto e ordenado somente dentro do caráter da vida autônoma da sociabilidade, com seu jogo imanente de formas, passa a ser mentira decepcionante quando o fenômeno é guiado por objetivos não sociáveis, ou tem por finalidade disfarçar tais objetivos; algo que o emaranhado na prática da sociabilidade pode facilmente seduzir com os eventos da vida real.

Jogos sociais

Esse contexto dá a entender que, na sociabilidade, está compreendido tudo o que já pode se definir com base na forma sociológica do jogo: sobretudo o próprio jogo, que, na sociabilidade de todas as épocas, assume um amplo espaço. Como já indiquei anteriormente, a expressão "jogo da *sociedade*" possui um significado profundo.

Todas as formas de interação e sociação entre os seres humanos – como o desejo de superar o outro, a troca, a formação de partidos, o desejo de ganhar, as chances de encontro e separação casuais, a mudança entre oposição e cooperação, o engodo e a revanche –, tudo isso, na seriedade da realidade, está imbuído de conteúdos intencionais. No jogo esses elementos têm uma vida própria, são movidos exclusivamente pela sua própria atração. Mesmo quando o jogo gira em torno de dinheiro, este, que pode ser ganho de muitas outras maneiras, não é o que há de específico no jogo. As atrações, para o verdadeiro jogador, estão na dinâmica e no acaso daquelas próprias formas de atividade sociológicas. O jogo da sociedade tem um duplo sentido profundo, a saber: não somente joga na sociedade aquele que a mantém externamente, mas com ele "joga-se" de fato "a sociedade".

A coqueteria

O erotismo criou, na sociologia dos sexos, sua forma de jogo: a *coqueteria*, que encontra na sociabilidade sua realização mais leve, lúdica, e também a mais ampla.* Se a questão erótica entre os gê-

---

* Tratei minuciosamente da essência da coqueteria em meu livro *Philosophische Kultur*. [Há tradução para o português deste ensaio ao qual se refere Simmel. "Psicologia do coquetismo" In Simmel, Georg. *Filosofia do amor*. São Paulo, Martins Fontes, 1993. Traduzido da versão francesa por Paulo Neves.] (N.T.)

neros gira em torno da aceitação e da recusa (com objetos que são, como é natural, infinitamente variados e matizados, e de maneira alguma têm natureza radical, ou mesmo somente fisiológica), então a essência da coqueteria feminina consiste em contrapor alternadamente a insinuação de aceitação e a insinuação de recusa, atraindo o homem sem chegar a uma decisão, e repelindo-o sem que ele perca todas as esperanças.

A coquete exagera ao máximo seus atrativos, à medida que atrai o homem para bem perto de si, como se não levasse a situação verdadeiramente a sério. Seu comportamento oscila entre o sim e o não, sem marcar uma posição definitiva. Ela desenha assim a forma simples e pura das decisões eróticas, e pode sintetizar, em um comportamento coeso, suas oposições polares, uma vez que o conteúdo decisivo e definitivo que a situaria em um dos dois polos não faz parte, por princípio, do coquetismo. Esse desafogar-se do peso de todo conteúdo fixo e das realidades permanentes dá à coqueteria aquele caráter de oscilação, de distância, de ideal, em função do qual se fala, com uma certa, razão de "arte" – e não somente dos "artifícios" – do coquetismo.

Para que possa se espalhar pelo solo da sociabilidade como uma planta tão arraigada, como mostra a experiência, a coqueteria deve encontrar, da parte do homem, um comportamento bastante especial. À proporção que o homem repele o estímulo da coqueteria, ou sempre que, ao contrário, torna-se uma simples vítima dela – sendo arrastado sem oferecer qualquer resistência às oscilações entre o sim parcial e o não parcial –, a coqueteria ainda não tem a forma propriamente adequada da sociabilidade. Falta-lhe aquela interação livre e a equivalência dos elementos que constitui a lei fundamental da sociabilidade. Esta só se introduz

74 Questões fundamentais da sociologia

quando, da parte do homem, nada mais é exigido depois desse jogo que oscila livremente, no qual qualquer coisa de eroticamente definido soa como um símbolo distante; e quando ele não for mais atraído pelo desejo ou pelo temor do elemento erótico, que é aquilo que se pode ver nas preliminares ou nas alusões coquetes.

Como desenvolveu sua graciosidade nos círculos mais elevados da cultura sociável, a coqueteria abandonou a realidade do desejo, da atração e da rejeição de natureza erótica e se deixou levar pelo jogo da interação das meras silhuetas de coisas sérias. Sempre que estas se introduzem ou se situam como panorama de fundo, todo acontecimento se transforma em assunto privado das duas pessoas, o que só pode transcorrer no plano da realidade.

Sob a marca sociológica da sociabilidade, porém, na qual não entra de todo a vida plena das pessoas, autêntica e centralizada em si mesma, a coqueteria é o jogo da ironia e do gracejo com o qual o elemento erótico ao mesmo tempo desata os puros esquemas de suas interações de seu conteúdo material ou totalmente individual. Assim como a sociabilidade joga com as formas da sociedade, a coqueteria joga com as formas do erotismo – uma afinidade de essências que de certa maneira predestina a coqueteria a ser um elemento da sociabilidade.

A conversa

Além da sociabilidade, são importantes, em termos de conteúdo, outras formas sociológicas de interação. A sociabilidade abstrai essas formas – que giram em torno de si mesmas – e fornece a elas uma existência nebulosa. Isso se revela, finalmente, no suporte mais difundido de toda comunidade humana: a *conversa*. Aqui, o decisivo se expressa como a experiência mais banal: se, na seriedade da vida, os seres humanos conversam a respeito de um tema do qual partilham ou sobre o qual querem se entender, na vida sociável, o discurso se torna um fim em si mesmo – mas não no sentido naturalista, como no palavrório, e sim como *arte* de conversar, com suas próprias leis artísticas. Na conversa puramente sociável o assunto é somente o suporte indispensável do estímulo desenvolvido pelo intercâmbio vivo do discurso enquanto tal.

Todas as formas pelas quais essa troca se realiza – como o conflito e o apelo a ambas as partes para que atendam às normas reconhecidas, o acordo de amizade por meio do compromisso e a descoberta de convicções comuns, o acolhimento de bom grado do que é novo e a recusa daquilo sobre o qual não se pode esperar nenhum entendimento –, todas essas formas de interação da conversa, que de resto estão a serviço de inúmeros assuntos e finalidades das relações humanas, têm aqui seu significado em si mesmas, quer dizer, no estímulo do jogo da relação que elas estabelecem entre indivíduos que se unem ou se separam, que vencem ou subjugam-se, recebem ou dão. O sentido duplo de "entreter-se" (*sich interhalten*)* aparece aqui com toda a sua justeza.

Para que esse jogo preserve sua suficiência na mera forma, o conteúdo não pode receber um peso próprio: logo que a discussão se torna objetiva, não é mais sociável. Ela muda o eixo de sua diretriz teleológica logo que a fundamentação de uma verdade – que constitui plenamente seu conteúdo – torna-se seu fim. Com isso ela destrói o seu caráter de entretenimento sociável da mesma maneira que ocorre quando dela surge uma briga séria. A *forma* da

---

* A expressão alemã *sich interhalten* significa simultaneamente "conversar", "entreter-se" ou "distrair-se". (N.T.)

busca comum da verdade pode manter-se, e também a *forma* da briga. Mas ela não pode deixar que a seriedade de seu conteúdo se converta em sua substância, da mesma maneira que uma pintura em perspectiva não pode conter um pedaço da realidade efetiva e tridimensional de seu objeto.

Não que o conteúdo da conversa sociável seja indiferente: ele deve ser totalmente interessante, cativante e até mesmo significativo. Mas não pode se tornar a finalidade da conversa. Pode-se dizer que esta não deve valer pelo resultado objetivo, pelo ideal que existiria para além da conversa. Superficialmente, duas conversas podem transcorrer da mesma maneira, mas uma conversa só é *sociável*, de acordo com o sentido interno, se o conteúdo, com todo o seu valor e estímulo, encontra sua legitimidade, seu lugar e sua finalidade no jogo funcional da conversa enquanto tal, na forma de troca de ideias, com seu significado específico e autorregulador. Por isso é que pertence à essência da conversa sociável o fato de seu objeto se alterar fácil e rapidamente. Uma vez que o objeto aqui é apenas um meio, ocorre-lhe ser tão variável e ocasional como o são em geral os meios frente às finalidades estabelecidas.

Desse modo, como foi dito, a sociabilidade oferece um caso possivelmente único no qual o falar se torna legitimamente um fim em si mesmo. Por ser puramente bilateral – e, talvez com a exceção da "troca de olhares", a forma de bilateralidade mais pura e sublime entre todos os fenômenos sociológicos –, ela se torna o preenchimento de uma relação que nada quer ser além de uma relação, na qual também aquilo que de resto é apenas forma de interação torna-se seu conteúdo mais significativo.

Resulta do conjunto desses contextos o fato de que também o ato de contar histórias, piadas, anedotas – por mais que frequentemente seja algo que preenche os vazios e dê provas de pobreza espiritual – possa exibir um tato sutil, no qual soam todos os motivos da sociabilidade. Porque a conversa, em primeiro lugar, se dá em uma base que está para além de toda intimidade individual, situando-se além daquele elemento puramente pessoal que não se quer incluir na categoria da sociabilidade. Mas esse elemento objetivo não é produzido por seu conteúdo, e sim no interesse da própria sociabilidade.

O fato de que esse conteúdo seja dito e ouvido não é um fim em si mesmo, e sim um puro meio para a vivacidade, para a compreensão mútua e para a consciência comum do círculo social. Com isso não se realiza somente um conteúdo do qual todos podem participar de maneira igual, mas também a doação de um indivíduo à comunidade. Porém, essa é uma doação por trás da qual o doador se torna, por assim dizer, invisível: a história mais requintada, mais sociável, é aquela na qual o narrador esconde sua personalidade; a história perfeitamente contada se mantém no feliz ponto de equilíbrio da ética sociável, no qual tanto o individual subjetivo como o conteúdo objetivo se dissolvem totalmente em prol da forma pura de sociabilidade.

A sociabilidade como forma lúdica dos problemas éticos e de suas soluções

Fica sugerido aqui, então, que a sociabilidade é também a forma lúdica das forças éticas da sociedade concreta. Os grandes problemas que se colocam para essas forças são: o fato de que o indivíduo tenha de se adequar a um contexto comum e viver para ele; mas também que os valores e aspectos relevantes devem refluir para o indivíduo justamente a partir desse contexto; o fato de que a vida do indivíduo seja um desvio com relação aos fins do conjunto; mas que a vida do conjunto, por sua vez, também seja um desvio para os fins do indivíduo.

A sociabilidade transfere todas essas exigências, em seu caráter sério e até mesmo trágico em muitos sentidos, para o plano do jogo simbólico de seu reino de sombras, no qual não há atritos, justamente porque as sombras não podem colidir umas com as outras. Se, além disso, a tarefa ética da socialização é fazer com que a junção e a separação dos indivíduos que interagem achem a expressão das relações entre esses indivíduos, embora essas relações sejam espontaneamente determinadas pela vida em sua totalidade, então, na sociabilidade, a liberdade para formar relações e a adequação de outra expressão não obedecem a qualquer condicionamento concreto e de conteúdo mais profundo.

A maneira pela qual os grupos se formam e se separam, e o modo pelo qual a conversa, surgida por impulso ou oportunidade, se desenvolve, aprofunda-se, ameniza-se e termina, numa "reunião social", fornecem uma miniatura do ideal de sociedade que se poderia chamar de liberdade de associação. Se todas as convergências e divergências devem ser fenômenos rigorosamente proporcionais a realidades internas, numa "reunião social" elas existem sem tais realidades, e nada resta além de um fenômeno que obedece às próprias leis formais de um jogo cuja graça, fechada em si mesma, revela *esteticamente* a mesma proporção que a seriedade da realidade exige em termos *éticos*.

Exemplos históricos

Essa interpretação do conjunto da sociabilidade realiza-se nitidamente em certos desenvolvimentos históricos. Na alta Idade Média alemã havia irmandades de cavaleiros formadas por famílias de patrícios amigos entre si. Os fins religiosos e práticos dessas uniões parecem logo se perder, e, no século XIV, eram os interesses e os modos de comportamento dos *cavaleiros* a única especificidade que restava de seu conteúdo. Cedo, porém, também estes desapareceram, permanecendo então apenas uniões puramente sociáveis de camadas aristocráticas. Aqui a sociabilidade se desenvolve como resíduo de uma sociedade determinada por seu conteúdo – resíduo, que, exatamente porque o conteúdo se perdeu, só pode existir a partir da forma e das formas do ser com e do ser para o outro.

O fato de que a existência autônoma dessas formas somente pode ser mostrada a partir da essência interna do jogo, ou, para ir mais fundo, da arte, é algo que fica mais evidente na sociedade de corte do Antigo Regime. Nesta, a supressão dos conteúdos concretos da vida – que a monarquia em certa medida absorveu da aristocracia francesa – gerou formas livremente flutuantes, nas quais estava cristalizada a consciência desse estamento. Suas forças, determinações e relações eram puramente sociáveis, e de modo algum símbolos ou funções de qualquer importância real de pessoas e instituições.

A etiqueta da sociedade de corte converteu-se em um fim em si mesma, e já não se referia mais a qualquer conteúdo; havia criado leis imanentes, comparáveis às da arte – que valem somente a partir do ponto de vista da arte e não tem em momento algum a finalidade de imitar em si a realidade dos modelos e das coisas externas a ela.

O caráter "superficial" da sociabilidade

Ainda que, no Antigo Regime, a sociabilidade tenha obtido sua expressão mais soberana, ela ao mesmo tempo se tornou caricatural. Certamente é da essência da sociabilidade eliminar a realidade das interações concretas entre seres humanos e erigir um reino no ar de acordo com as leis formais dessas relações que se movimentam em si mesmas, sem reconhecer nenhuma finalidade que esteja fora delas. No entanto, a fonte subterrânea na qual esse reino se alimenta não deve ser procurada naquelas formas que determinam a si mesmas, mas na vivacidade dos indivíduos reais, em seus sentimentos e atrações, na plenitude de seus impulsos e convicções.

Toda sociabilidade é um *símbolo* da vida quando esta surge no fluxo de um jogo prazeroso e fácil. Porém, é justamente um símbolo da *vida* cuja imagem se modifica até o ponto em que a distância em relação à vida o exige. Da mesma maneira, para não se mostrar vazia e mentirosa, a arte mais livre, fantástica e distante da cópia de qualquer realidade se nutre de uma relação profunda e fiel com a realidade. Ainda que a arte se ponha *acima* da vida, ela se situa acima da *vida*. Caso a sociabilidade corte totalmente os laços que a unem com a realidade da vida – a partir da qual ela entrelaça uma teia totalmente estilizada e diferente –, ela deixa de ser um jogo (*Spiel*), e passa a ser uma frívola brincadeira (*Spielerei*), com formas vazias, em um esquematismo sem vida e orgulhoso disso.

A partir desse contexto torna-se evidente que as pessoas reclamam, com e sem razão, da *superficialidade* das relações sociais. Certamente um dos fatos mais importantes da existência espiritual é que, quando retiramos qualquer elemento da totalidade do eu os fechamos em um reino à parte organizado com base em suas próprias leis, e não nas leis do todo, esse reino, apesar de toda a sua perfeição interna, pode mostrar um caráter vazio e suspenso no ar, exatamente por sua distância de toda realidade imediata. Quando se alteram alguns elementos, muitas vezes inapreciáveis, esse reino pode mostrar a essência mais profunda da vida, da maneira a mais completa, coerente e homogênea que qualquer tentativa de apreendê-la realisticamente e sem distanciamento.

Segundo a presença deste ou daquele sentimento, a vida independente e que transcorre sob as próprias normas, cujos aspectos superficiais de interação social foram fornecidos pela sociabilidade, será para nós algo formalista, desprovido de vida e significado – ou um jogo simbólico, em cujo encanto estético está reunida toda a dinâmica mais requintada e sublime da existência social e de sua riqueza.

Em toda a arte, em todo simbolismo da vida religiosa e clerical, em grande parte até mesmo das complexas formulações da ciência, dependemos de uma certa fé ou sentimento, que nos assegura que as normas internas de fenômenos parciais e a combinação de elementos superficiais tenham de fato uma relação com a profundeza e a totalidade da realidade. E que, mesmo quando não se podem formular, aqueles fenômenos e elementos são portadores e representantes do real imediato e do fundamento da existência. Com base nisso compreendemos o efeito redentor e regozijante de alguns desses reinos, construídos a partir de simples formas da existência. Neles estamos livres da vida, mas ainda a possuímos.

Assim como contemplar o mar nos liberta interiormente, quando o mar forma as ondas para puxá-las, e puxa-as para formá-las novamente, nos libertamos não a despeito desse jogo e contrajogo das ondas, mas por causa dele – pois nele está estilizada a simples expressão de toda a dinâmica da vida totalmente livre de qualquer realidade vivenciada e de todo peso dos destinos individuais, cujo sentido derradeiro, todavia, parece convergir nessa imagem simples.

Assim a arte revela o mistério da vida: não é simplesmente desviando o olhar que nos libertamos dela, e sim à medida que, nesse jogo aparentemente autônomo de suas formas, estabelecemos e vivemos o sentido e as forças de sua realidade mais profunda – mas sem essa realidade mesma.

Para muitos homens que sentem a cada momento a profundidade e a pressão da vida, a sociabilidade não poderia ter essa alegria libertadora e redentora se ela fosse somente a fuga desta vida, ou uma suspensão meramente momentânea de sua seriedade. De várias maneiras, a sociabilidade pode ser esse elemento negativo, um convencionalismo e uma troca internamente estéril de formas. Talvez isso tenha ocorrido com frequência no Antigo Regime, em que o medo vago de uma realidade ameaçadora levou os homens àquela cegueira prosaica, àquele afastamento das forças da vida real.

É exatamente o homem mais sério que colhe da sociabilidade um sentimento de libertação e alívio. Porque ele desfruta, como numa representação teatral, de uma concentração e de uma troca de efeitos que representam, sublimadas, todas as tarefas e toda a seriedade da vida. A um só tempo, também, as dissolve, porque as forças da realidade carregadas de conteúdo soam como que ao longe, deixando desvanecer seu peso e convertendo-se em estímulo.

4 —

Indivíduo e sociedade nas concepções de vida dos séculos XVIII e XIX
(Exemplo de sociologia filosófica)

— A vida individual como base do conflito entre o indivíduo e a sociedade

O problema verdadeiramente prático da sociedade reside na relação que suas forças e formas estabelecem com os indivíduos – e se a sociedade existe dentro ou fora deles. Mesmo quem reconhece a "vida" autêntica somente nos indivíduos, e identifica a vida da sociedade com seus membros individuais, não poderia negar uma variedade de conflitos reais entre indivíduo e sociedade. De um lado, porque, nos indivíduos, os elementos fundem-se no fenômeno particular denominado "sociedade", e esta adquire seus próprios pilares e órgãos que se contrapõem ao indivíduo com exigências e atitudes como se fosse um partido estranho.

Por outro lado, o conflito está sugerido justamente por meio da inerência da sociedade no indivíduo. Pois a capacidade do ser

84 Questões fundamentais da sociologia

humano se dividir em partes e sentir qualquer *parte* de si mesmo como seu ser autêntico – parte que colide com outras partes e que luta pela determinação da ação individual – põe o ser humano, à medida que ele se sente como ser social, em uma relação frequentemente conflituosa com os impulsos de seu eu que *não* foram absorvidos pelo seu caráter social. O conflito entre a sociedade e o indivíduo prossegue no próprio indivíduo como luta entre as partes de sua essência.

A divergência mais abrangente e profunda entre indivíduo e sociedade não me parece estar ligada a um só tema de interesse, e sim à forma geral da vida individual. A sociedade quer ser uma totalidade e uma unidade orgânica, de maneira que cada um de seus indivíduos seja apenas um membro dela; a sociedade demanda que o indivíduo empregue todas as suas forças a serviço da função especial que ele deve exercer como seu integrante; desse modo, ele também se transforma até se tornar o veículo mais apropriado para essa função. Não há dúvida de que o impulso de unidade e totalidade que é característico do indivíduo se rebela contra esse papel. Ele quer ser pleno em si mesmo, e não somente ajudar a sociedade a se tornar plena; ele quer desenvolver a totalidade de suas capacidades, sem levar em consideração qualquer adiamento exigido pelo interesse da sociedade. A contraposição entre o todo – que exige de seus elementos a unilateralidade das funções parciais – e a parte – que pretende ser ela mesma um todo – não se resolve a princípio: não se constrói uma casa a partir das casas, e sim a partir de pedras especialmente formadas; nenhuma árvore cresce a partir de árvores, e sim a partir de células diferentes.

— Egoísmo individual *versus* autoperfeição individual como valor objetivo

Por esse motivo, essa formulação me parece circunscrever de maneira bastante ampla a oposição entre dois partidos, justamente porque ela ultrapassa de longe a redução habitual à dicotomia entre egoísmo e altruísmo. Por um lado, o afã de totalidade do indivíduo indiscutivelmente aparece como egoísmo, que se contrapõe ao altruísmo, em que ele se enquadraria como elo social unilateralmente formado. Mas, por outro lado, essa exigência da sociedade é também um egoísmo, uma violação do indivíduo perpetrada pela pluralidade de seres, e em seu benefício, que frequentemente leva o indivíduo a uma total especialização e ao atrofiamento. O fato de que o indivíduo aspire a se tornar pleno em si mesmo é algo que não precisa de modo algum ser equiparado ao egoísmo, mas pode ser um ideal objetivo, no qual sua felicidade não é questionada a partir de seu sucesso e de seu interesse pessoal no sentido mais restrito, e sim a partir de um mundo suprapessoal, no qual a personalidade se realiza.

Com o que se acaba de sugerir – e que iremos desenvolver em seguida –, me parece que se atinge um patamar de desenvolvimento essencial da consciência da filosofia cultural, no qual também a ética do indivíduo e, indiretamente, a da sociedade ganham nova luz. É opinião corrente de que são egoístas todas as intenções mantidas no círculo não interrompido do ser e do interesse do indivíduo e de sua vontade. Essa natureza egoísta só seria superada ali onde a vontade se dirigisse ao bem do "tu" ou da sociedade.

Há muito tempo, porém, já se estabeleceu um critério mais profundo sobre os valores da vida, de maneira mais decisiva talvez em

86 Questões fundamentais da sociologia

Goethe e Nietzsche, ainda que não por uma formulação abstrata. É a possibilidade de que a perfeição do indivíduo seja um valor objetivo e indiferente em relação ao significado que tenha para os outros, ou apenas numa relação casual com esse significado. Mas essa perfeição também deve ser independente da felicidade ou do infortúnio desse mesmo indivíduo, ou pode mesmo estar em conflito com eles.

Por infinitas vezes, o que um ser humano significa a partir de sua força e excelência, a partir de seu sucesso e harmonia de existência, não tem qualquer relação com o que ele mesmo ou os outros *disso obtêm*. O mundo também é enriquecido pela existência, nele, de um ser humano valoroso que é perfeito em seu ser. Naturalmente esse valor consiste, muitas vezes, na dedicação prática de um indivíduo a outro indivíduo ou a um grupo; mas reduzi-lo a isso é um dogma moralista e arbitrário. Também há uma beleza e uma perfeição da existência, um trabalho sobre si mesmo, um esforço apaixonado para obter bens ideais, que resulta em felicidade. Esse posicionamento, que, por assim dizer, provém de um valor do *mundo*, é apenas a continuidade de um posicionamento correspondente na consciência individual.

Cada ser humano superior deseja, incontáveis vezes, situações, acontecimentos, conhecimentos e obras em cuja existência particular, ou em cuja natureza geral, ele vê objetivos definitivamente satisfatórios. Eventualmente, as necessidades e condições dos outros podem compor o conteúdo dessa vontade. Mas isso não é necessário, pois o objetivo é desejado somente pela busca da própria realização individual, e sacrificar outras pessoas e a si mesmo não é um preço tão alto: *Fiat justitia pereat mundus*; ou o cumprimento da vontade divina simplesmente porque ela é divina; o fanatismo do artista faz com que ele se esqueça, na realização de sua obra, de qualquer consideração egoísta ou altruísta; o entusiasmo do idealista político em busca de uma reforma constitucional que o torna completamente indiferente ao fato de como os outros indivíduos se sentem a esse respeito; todos esses são exemplos para aquela valoração puramente objetiva que pode estar presente até em conteúdos totalmente obscuros.

Examinando a situação a partir da matéria em questão, o sujeito ativo vê a si mesmo somente como um objeto ou um executor da tarefa: a paixão pela causa em si não se pergunta pelo eu, pelo tu, pela sociedade enquanto tal – no sentido de que o valor do estado do mundo (embora, naturalmente, apenas em parte), por exemplo, pode-se medir exclusivamente pelo prazer ou pelo sofrimento de seus integrantes. Mas é óbvio que as ambições das pessoas e dos grupos, à medida que são agentes de valores últimos, não coincidem necessariamente com esses valores objetivos. Sobretudo quando o indivíduo se dedica a produzir tal valor objetivo em si mesmo ou em uma obra não valorizada socialmente, é totalmente indiferente para a sociedade que ele proceda de maneira superegoísta. A sociedade o quer para si e deseja lhe atribuir uma forma que seja adequada ao seu conjunto, e frequentemente de uma maneira tão dura e incompatível com aquele valor objetivo que o indivíduo exigia de si mesmo que tal incompatibilidade só poderia existir entre uma ambição puramente egoísta e outra puramente social.

O social *versus* o humano

O patamar alcançado com essa interpretação certamente deixou para trás a oposição habitual entre egoísmo e altruísmo. Mas, fun-

88 Questões fundamentais da sociologia

damentalmente, a oposição entre indivíduo e sociedade não se reconcilia nesse mesmo patamar. Uma oposição semelhante, que trata do mesmo conteúdo, mas oriunda de outra visão do mundo, é sugerida pela análise de certos conceitos sociológicos.

A sociedade – e seu representante no indivíduo, a consciência ético-social – exige incontáveis vezes uma especialização que, como foi salientado, deixa atrofiada ou destrói a totalidade do ser humano. No que tange ao seu conteúdo, ela se coloca como inimiga das qualidades que devem ser chamadas de universalmente humanas. Ao que parece, a diferença entre os interesses da humanidade e os interesses da sociedade foi sentida, primeiramente, com clareza fundamental, por Nietzsche. A sociedade é *uma* das formas nas quais a humanidade modela os conteúdos de sua vida; mas nem a humanidade é essencial para *todas* as formas, nem é a única no seio da qual se cumpre o desenvolvimento de tudo o que é humano. Todas as significações puramente materiais das quais de alguma forma nosso espírito participa – como o conhecimento lógico e a fantasia metafísica sobre as coisas, a beleza da existência e sua imagem no domínio próprio da arte, o império da religião e da natureza –, tudo isso, assim que dele nos apoderamos, não tem, essencialmente e segundo sua essência, algo a ver com a "sociedade". Os valores da humanidade, que se medem com base em nosso maior ou menor interesse nesse mundo ideal, têm uma relação somente acidental com os valores sociais – embora muitas vezes com eles se cruzem.

Por outro lado, as qualidades puramente pessoais – como força, beleza, profundidade de pensamento, grandeza de convicção, indulgência, distinção, coragem e pureza de coração – têm significados autônomos totalmente independentes de seus entrelaçamentos sociais. São valores do ser humano e, como tais, totalmente separados dos valores sociais, que sempre se baseiam nos *efeitos* dos indivíduos. Eles certamente são elementos do acontecer social, simultaneamente como efeitos e causas. Porém, este é somente *um* lado de seu significado; o outro consiste no fato intrínseco de sua existência na personalidade, fato que não assinala nada para além dele mesmo.

Entendido de maneira precisa, esse ser *imediato* dos seres humanos é, para Nietzsche, o lugar no qual o homem se eleva gradativamente à altura do gênero humano. Para ele, todas as instituições sociais, todo dar e receber por meio dos quais o indivíduo se torna um ser social, são somente condições prévias ou consequências de sua própria natureza. É em virtude dessa natureza intrínseca que ele constrói um patamar de desenvolvimento da humanidade. Contudo, a valoração social e utilitária não depende apenas dessa natureza intrínseca, mas também da resposta dada pelos outros indivíduos. Assim, seu valor não reside totalmente nele mesmo; uma parte é recebida de volta como o reflexo de processos e criações nos quais a própria natureza se fundiu com essências e condições que lhes são externas.

Por conseguinte, a ética, sobretudo a kantiana, transpôs a base de avaliação do ser humano da ação para a consciência. A boa vontade, uma qualidade quase indescritível da fonte última de nossa ação, e que está por trás de toda manifestação, é o que constitui nosso valor; enquanto essa manifestação mesma, com todos os seus efeitos, já é uma mera consequência que ora expressa corretamente aquilo que é essencial, ora o descaracteriza, entrando assim graças às forças do fenomênico em uma relação meramente acidental com o valor fundamental.

Nietzsche entendeu isso de maneira ampla ou básica ao transpor a oposição kantiana entre convicção e êxitos de atos externos – o que em si já liberara o valor do indivíduo de sua dependência social – para a oposição entre a existência e os efeitos do ser humano em geral. Para Nietzsche, é o *ser* qualitativo da personalidade que marca o estágio atingido pelo desenvolvimento de nossa espécie, pois, com seus exemplares respectivamente mais elevados, a humanidade supera seu passado. Foram assim rompidas as fronteiras da existência meramente social, que medem o valor dos seres humanos a partir de seus efeitos.

A humanidade não é, então, perante a sociedade, um algo a mais quantitativo. Ela não é a soma de todas as sociedades, e sim uma síntese totalmente peculiar dos mesmos elementos que, de outra maneira, resultam na sociedade. Perante o indivíduo, trata-se de dois pontos de vista metodológicos diferentes, a partir dos quais ele pode ser observado, que o podem medir com base em parâmetros diferentes – e cujas ambições podem colidir da forma mais violenta possível.

O que nos une à humanidade como um todo – e no que podemos contribuir para seu desenvolvimento comum – seria o seguinte: interesses religiosos, científicos, interfamiliares, internacionais, o aperfeiçoamento estético da personalidade, a produção puramente material que não partisse de nenhum princípio "utilitário". Tudo isso pode ser ocasionalmente pertinente à sociedade na qual crescemos historicamente. Mas, a princípio, depende de exigências que estão muito além de suas vistas, exigências que servem à formação superior e ao enriquecimento material do tipo humano e que podem culminar na oposição contra as ambições específicas do grupo que, para nós, é a "sociedade".

Em muitas outras relações, porém, essa sociedade impõe um nivelamento de seus membros; dentro de seu círculo estrito, ela cria uma média com a qual torna extremamente difícil que seus elementos sobressaiam com particularidades individuais quantitativas e qualitativas. A especificação exigida pela sociedade com relação ao humanamente geral é proibida diante do aspecto social geral. Assim, o indivíduo é constrangido por dois lados: a sociedade lhe dá uma medida que a personalidade não deve ultrapassar nem em direção à generalidade nem à individualidade. Esses conflitos nos quais o indivíduo se vê não somente perante seu grupo político, mas também perante sua família, sua associação econômica, seu partido e sua comunidade religiosa, terminaram por se sublimar na história moderna por intermédio da necessidade abstrata de liberdade individual. Este é o conceito geral que veio cobrir o conjunto das diversas reivindicações e afirmações sobre si mesmo do indivíduo diante da sociedade.

— O século XVIII

A liberdade do indivíduo

Foi no século XVIII que a necessidade suprema de liberdade encontrou sua consciência mais desenvolvida e seus efeitos mais acentuados, com uma necessidade de se livrar das amarras com as quais a sociedade enquanto tal atou o indivíduo. Essa exigência fundamental é constatável na abordagem econômica dos fisiocratas, que preconizavam a livre concorrência de interesses como a ordem natural das coisas; é evidente na elaboração sentimental de Rousseau, para quem a violação do ser humano pela sociedade história estava na origem de toda decadência e de todo mal; também é perceptível na formulação política da Revolução Francesa, que levou ao ápice a liberdade individual, a ponto de proibir os trabalhadores de se associarem até para proteger seus próprios interesses; verifica-se também na sublimação filosófica, na concepção de Kant e Fichte de que o eu era o portador do mundo cognoscível, e de que sua autonomia absoluta era o valor ético por definição.

A precariedade das formas de vida socialmente válidas no século XVIII – tais como os privilégios das castas superiores, o controle despótico de comércio e circulação, os resíduos ainda poderosos das constituições corporativas, a coação impaciente do clericalismo, as obrigações de gleba dos trabalhadores rurais, a ausência de participação política na vida do Estado e as restrições das leis municipais – parecia, à consciência dos indivíduos, uma repressão insuportável de suas energias em relação às forças produtivas materiais e espirituais da época. Da repressão que operava por meio de tais instituições, que perderam toda legitimidade essencial, surgiu o ideal da simples liberdade do indivíduo. Bastava que caíssem aquelas amarras que obrigavam as forças da personalidade a trilhar caminhos antinaturais para que todos os valores internos e externos, todas as capacidades previamente existentes e até então refreadas política, religiosa e economicamente, se desenvolvessem e conduzissem a sociedade da irracionalidade histórica para a sociedade da racionalidade natural.

Como a natureza não conhecia nenhuma daquelas amarras, o ideal de liberdade parecia ser o do estado "natural" – compreendendo-se por natureza o ser original de nossa espécie e de cada ser humano individual (desconsiderando-se a ambiguidade do termo "original", ou seja, o que é temporalmente primeiro e o que é essencialmente fundamental), no qual se consolida o processo cultural. Nesse sentido, portanto, o século XVIII procurou, em uma síntese violenta, articular o ponto final ou culminante desse processo novamente com seu ponto de partida. A liberdade do indivíduo era muito vazia e fraca para suportar a própria existência. Como as forças históricas não a completavam e apoiavam, então o indivíduo só tinha a ideia de que essa liberdade precisava ser conquistada de maneira íntegra e correta, para que se encontrasse então novamente no fundamento primordial de nosso ser pessoal e próprio de nossa espécie, que seria então tão seguro e rico quanto a natureza em geral.

A antinomia entre liberdade e igualdade

Essa necessidade de liberdade do indivíduo, que se sentia deformado e limitado pela sociedade histórica, resulta, uma vez posta em prática, numa autocontradição. É evidente que ela só se realiza de maneira duradoura se a sociedade é composta somente de indivíduos que, internamente, assim como externamente, são agraciados com a mesma força e o mesmo privilégio. Posto que essa condição não é preenchida em lugar algum, e que as forças que conferem poder e determinam a hierarquia de níveis entre os seres humanos são a princípio quantitativa e qualitativamente desiguais, isso levaria inevitavelmente a um aproveitamento dessas desigualdades por parte dos mais favorecidos, dos inteligentes perante os mais estúpidos, dos fortes perante os fracos, dos voluntariosos perante os tímidos. Deslocadas todas as barreiras externas, a diferença das potências interiores iria se expressar em uma diferença correspondente nas posições exteriores: a liberdade institucionalizada torna-se novamente ilusória por ação das relações pessoais; como em todas as relações de poder, a vantagem obtida faz mais fácil a conquista de outra vantagem – de que a "acumulação de capital" é apenas um exemplo isolado –, e assim a desigualdade do poder iria se tornar maior em progressão velocíssima, e a liberdade dos privilegiados iria se desenvolver à custa da liberdade dos oprimidos.

Por esse motivo, era perfeitamente legítima a questão paradoxal de saber se a socialização de todos os meios de produção não constituiria a única condição sob a qual se levaria a cabo a livre concorrência. Desse modo, visto que se retira violentamente do indivíduo a possibilidade de aproveitar plenamente sua eventual superioridade sobre os que lhes são inferiores, pode predominar na sociedade uma medida de liberdade que seja a mesma para todos. Por esse motivo, pressupondo-se esse ideal, não é correto dizer que o socialismo signifique a suspensão da liberdade. Ele a suspende somente quando a liberdade dada torna-se um meio para oprimir a liberdade de alguém que a realiza à custa da liberdade do outro: a propriedade privada se torna não somente expressão, mas até um multiplicador das diferentes forças individuais; ela aumenta de tal maneira essa diferença até que se tenha acumulado – para usar uma expressão radical – um máximo de liberdade em um polo da sociedade, e um mínimo de liberdade em outro.

A plena liberdade de cada um só pode se dar em uma total igualdade com a liberdade do outro. Mas isso não é inatingível somente no plano pessoal, como também no econômico, à medida que este permite o aproveitamento de superioridades pessoais. Somente quando essa possibilidade for deixada de lado, isto é, quando se suprimir a propriedade privada dos meios de produção, a igualdade será então possível, e também se eliminará o limite da liberdade inseparável da desigualdade. É inegável que exatamente nessa "possibilidade" se mostra a profunda antinomia entre liberdade e igualdade, uma vez que ela só se resolve mediante a imersão dos dois termos no elemento negativo de ausência de propriedade e de poder.

Ao que parece, somente Goethe percebeu claramente essa antinomia: a igualdade, diz ele, exige a subordinação a uma norma universal, e a liberdade "anseia pelo incondicionado"; "legisladores ou revolucionários que prometem ao mesmo tempo igualdade e liberdade são lunáticos ou charlatães". Talvez tenha sido o instinto para essa situação que tenha acrescentado a fraternidade à liberdade e à igualdade como terceira exigência. Pois uma vez eliminado o meio da coação, para que então seja suprimida a contradição entre liberdade e igualdade, somente o altruísmo explícito pode alcançar sucesso: somente por meio da renúncia moral à prevalência de privilégios naturais seria possível restaurar a igualdade, depois que a liberdade a destruiu. Além disso, o individualismo típico do século XVIII é completamente cego para essa dificuldade interna da liberdade. As amarras estamentais, corporativas, eclesiásticas e espirituais contra as quais ele se defendeu criaram inúmeras desigualdades entre os seres humanos, desigualdades cuja injustiça foi profundamente sentida, mas vista como derivada unicamente de origens exteriores e históricas. Concluiu-se que a supressão das instituições com as quais *essas* desigualdades deveriam cair teria eliminado toda a desigualdade do mundo. Liberdade e igualdade apareciam como dois lados evidentemente harmoniosos do mesmo ideal de humanidade.

O "homem natural"

Essa tendência foi sustentada por uma corrente histórica ainda mais profunda, pelo peculiar conceito de natureza presente no espírito daquele tempo. Os interesses teóricos do século XVIII estavam totalmente orientados para as ciências naturais. Continuando o trabalho do século XVII, instituíram o conceito de lei natural como o mais elevado ideal de conhecimento. Para este, porém, desaparece a individualidade autêntica e tudo o que há de incomparável e inalienável na existência individual. Aqui vigora somente a lei universal, e cada fenômeno, um ser humano ou uma mancha nebulosa na Via Láctea, não passa de um caso singular daquela lei, e, mesmo na total impossibilidade de repetir sua forma, é apenas um ponto de cruzamento e um conjunto solucionável de leis conceituais gerais. Ao menos era assim que se entendia então a "natureza" – somente os poetas a compreendiam de outra maneira.

Por esse motivo, o homem em geral, o homem como tal, estava no centro dos interesses daquele tempo, em lugar do homem historicamente dado, do homem específico e diferenciado. Este último se reduzia àquele, em cada pessoa individual vivia como essência aquele ser humano universal, assim como cada pedaço de matéria especialmente formada em sua essência representava as leis universais da matéria. Com isso, ao mesmo tempo, torna-se legítimo pensar que a liberdade e a igualdade estão desde o início conectadas entre si. Pois se o universalmente humano, por assim dizer, se a lei da natureza do homem, existe como o núcleo essencial em cada homem por meio de qualidades empíricas, posição social e formação ocasional, então bastaria *libertá-lo* de todas essas influências e desvios históricos que encobrem sua essência profunda para que aparecesse nele o que é comum a todos, o ser humano enquanto tal.

Aqui se encontra o ponto de guinada desse conceito de individualidade que pertence às grandes categorias da história do espírito: quando o ser humano se liberta de tudo o que não é plenamente ele mesmo, quando se encontra, então ele é o homem puro e simples, a substância autêntica de sua existência, a humanidade, que nele vive como em qualquer outro – sempre a mesma essência fundamental, que é mascarada, apequenada e desfigurada historicamente. A liberdade significa que o eu central se expressa sem barreiras e reservas em toda a amplitude da existência, significa que o ponto do si mesmo incondicional no homem possui o domínio exclusivo sobre sua existência. Em termos do conceito puro de humanidade, todos os homens são iguais; comparada a esse elemento geral, toda individualidade *diferenciada* é externa e acidental.

A partir desse significado de universal, a literatura da época fala incessantemente do povo, do tirano, da liberdade em geral. Em função dele, a "religião natural" tem uma providência em geral, uma justiça em geral, uma educação divina em geral, sem reconhecer o direito de haver formas específicas desse universal. Em função dessa humanidade, o "direito natural" se baseia na ficção de indivíduos isolados e iguais. Para essa concepção, a comunidade se desvirtua, se dissolve no sentido da coletividade – eclesiástica, econômica, estamental ou estatal (posto que ao Estado compete apenas a função negativa da proteção e defesa contra as perturbações). Resta o ser humano singular, individual e livre que permanece em si mesmo; e, no lugar daquelas comunidades histórico-sociais aparece a crença na universalidade da natureza humana, que subsiste como algo essencial, inalienável, sempre

98 Questões fundamentais da sociologia

identificável em cada um, que precisa apenas ser encontrado e descoberto, para que o indivíduo seja perfeito.

A generalidade da natureza humana atenua e torna suportável o isolamento dos indivíduos. Ela também torna a liberdade eticamente possível, à medida que parece cortar pela raiz a consequência inevitável da liberdade, a saber, o desenvolvimento da desigualdade. Por esse motivo, Frederico o Grande pôde definir o príncipe como "o primeiro juiz, o primeiro homem de finanças, o primeiro ministro da sociedade", e, no mesmo movimento, defini-lo também como "um *ser humano* tal como o mais humilde de seus súditos". Com tudo isso, a antinomia sociológica da qual inicialmente parti se transforma em um paradoxo da moral: ela é o dinamismo interno e autêntico do ser humano e, ao mesmo tempo, exige a renúncia a si mesmo; é também a antinomia da religião: quem perde a sua alma, haverá de conquistá-la.

O individualismo de Kant

Na filosofia de Kant o conceito de individualidade adquire a sublimação intelectual mais elevada. Todo conhecimento, ensina Kant, resulta do fato de que a variedade intrinsecamente heterogênea das impressões sensíveis se forma em unidades. Isso é possível porque o intelecto no qual esse processo se desenvolve é ele mesmo uma unidade, um eu. Se, em lugar de sensações fugazes, temos uma consciência dos *objetos*, essa é a expressão da unificação que nosso eu efetua sobre esses objetos – sendo pois o objeto a contraparte do sujeito. Assim, o eu – não o eu acidental, psicológico, individual, e sim o fundamental, criador, imutável – torna-se portador e produtor da objetividade.

O conhecimento será tanto mais verdadeiro e objetivamente necessário quanto mais se formar por esse eu puro, pela derradeira instância do espírito cognoscível. Com base nesse pressuposto inabalável de *uma* verdade, de *um* mundo *objetivo*, segue-se que o eu que o conforma, ou que o poderia conformar, deve ser sempre o mesmo em todos os seres humanos. Por isso o idealismo kantiano – que faz do mundo cognoscível um produto do eu que ao mesmo tempo mantém a univocidade e a constante igualdade do conhecimento verdadeiro – é uma expressão daquele individualismo que vê em tudo o que é humano absolutamente o mesmo núcleo que deve considerar o que é em nós mais produtivo como igualmente homogêneo – mesmo que nem sempre se desenvolva e apareça da mesma maneira. Assim, para Kant, a identidade dos eus resulta na identidade de seus mundos, e também é aí que se encontra arraigada a *liberdade*.

O mundo pode se dar apenas como representação que a pessoa faz de todas as condições e determinações extrínsecas. À medida que o eu cria todo o conteúdo consciente da existência – entre eles também o eu empírico –, ele não pode ser, por sua vez, criado por qualquer um desses conteúdos. O eu retira sua soberania de todas as possíveis confluências com a natureza, com o tu, com a sociedade, permanecendo de tal modo em si mesmo que até seu mundo, o mundo, depende disso. Uma vez que nada se sobrepõe a esse eu, que nada se põe ao seu lado, todas as potências históricas devem deixar esse eu percorrer, de acordo com seus conceitos, apenas aquele caminho prescrito pela sua própria natureza. Visto que Kant e sua época tornam o homem abstrato, a individualidade, livre de todos os laços e determinações singulares, é sempre igual a si mesma, é a substância última da personalidade, e o *valor*

100 Questões fundamentais da sociologia

último da personalidade. O ser humano, diz Kant, é ímpio o bastante, mas a humanidade que nele habita é sagrada. E diz Schiller: "O idealismo tem um conceito tão elevado da humanidade que corre o risco de desprezar os seres humanos."

O duplo papel da natureza

Mesmo para Rousseau, que certamente tem uma sensibilidade especial para as diferenças individuais, estas se situam em um plano superficial; quanto mais completamente o ser humano retorna ao seu próprio coração, tentando captar o seu interior absoluto em meio às relações externas, mais forte flui nele, isto é, em cada indivíduo de maneira igual, a fonte do bem e da felicidade. Quando o ser humano é realmente ele mesmo, ele possui uma força concentrada que ultrapassa a mera preservação de si mesmo; e, por assim dizer, pode fazê-la fluir em direção aos outros, e por meio dela integrar os outros dentro de si, identificar-se com eles. Por conseguinte, somos mais eticamente valorosos, mais compadecidos e bondosos quanto mais cada um for ele mesmo, isto é, quanto mais cada um deixar soberano aquele núcleo interior que é idêntico em todos os seres humanos, para além da obscuridade de seus laços sociais e das máscaras ocasionais.

À medida que o indivíduo autêntico é mais que a individualidade empírica, ele tem nesse "mais" a possibilidade de doar, de ultrapassar seu egoísmo empírico. O conceito de natureza forma, aqui, ao mesmo tempo, o ponto nodal entre natureza e ética; seu duplo papel no século XVIII atinge expressão máxima em Rousseau. Já aludi ao significado da natureza para o problema da individualidade: a natureza não é só aquilo que existe em si, o elemento substancial de todas as fugacidades e turbilhões da história, mas é o que deve ser, o ideal, com o qual a progressiva realização de todos os homens se relaciona. Parece contraditório dizer que o que realmente existe é, ao mesmo tempo, um objetivo que se deve atingir. Verdadeiramente, porém, essas duas proposições são dois lados de uma posição psicologicamente consistente adotada com relação a mais de um valor complexo. Podemos simplesmente expressar isso de outra maneira senão naquele dualismo logicamente contraditório.

Justamente na especificação do problema do eu torna-se pela primeira vez sensível o sentido duplo do "natural". Sentimos em nós uma realidade última que constitui a essência de nossa natureza e que todavia cobre muito imperfeitamente nossa realidade empírica. Mas não é de modo algum apenas um ideal que paira fantasiosamente sobre a realidade, e sim algo já existente de alguma forma, como que gravado em nossa existência com linhas ideais e contendo em si a *norma* para essa existência – embora ainda aguarde seu desenvolvimento e sua configuração plenos no material de nossa existência.

No século XVIII esse sentimento tornou-se altamente poderoso: o eu que nós já somos é ainda algo a ser elaborado – porque ainda não somos pura e absolutamente isso, mas apenas por meio de encobrimentos e distorções de nossos destinos histórico-sociais. A normatização do eu se justifica eticamente porque o eu ideal é verdadeiro em um sentido mais elevado: é o eu humano em geral. Quando ele for alcançado, a verdadeira igualdade entre tudo o que o homem é também será atingida.

Schiller definiu isso de maneira insuperável: "Cada ser humano individual traz em si, de acordo com sua tendência e sua determinação, um ser humano puro, ideal; a grande tarefa de sua existência é fazer com que todas as suas alterações se ponham de acordo em uma unidade inalterável. Esse ser humano puro se manifesta, com maior ou menor clareza, em cada sujeito."

O "imperativo categórico" kantiano: a individualidade como síntese da liberdade e da igualdade

A fórmula do "imperativo categórico" na qual Kant sintetiza o dever moral do homem é a definição mais profunda desse conceito de individualidade. Em primeiro lugar, ele situa na liberdade todo o valor moral do ser humano. À medida que somos partes do mecanismo do mundo, incluindo aí a sociedade, temos tão pouco "valor" quanto as nuvens que passam ou o rochedo estilhaçado pelos raios. Somente quando cessamos de ser um mero produto ou ponto de encontro de forças exteriores e nos tornamos um ser que se desenvolveu a partir do seu próprio eu, podemos ser *responsáveis* e, assim, adquirir a possibilidade tanto da culpa como do valor moral.

No âmbito do cosmo social e natural, não há qualquer "ser para si", qualquer "personalidade", mas quando nos situamos na liberdade absoluta – a contrapartida metafísica do *laissez-faire* –, conquistamos imediatamente a personalidade e a dignidade moral. O "imperativo categórico" expressa o que deve ser a moral: "Aja de tal modo como se o princípio que guia a sua vontade pudesse, ao mesmo tempo, ser válido como o princípio de uma lei geral." Com o imperativo categórico, o ideal da igualdade torna-se o significado de todo dever fazer.[*] Evita-se assim toda imaginação autocomplacente sobre ter o direito a uma ação e a uma fruição totalmente específicas porque se é "diferente dos demais": o juízo

---

[*] Optou-se aqui pela expressão "dever fazer" para traduzir a palavra alemã *sollen*, uma vez que o termo "dever", que em alemão corresponderia a *Pflicht*, tem a conotação de "puro cumprimento das normas morais". *Sollen*, em contrapartida, expressa a aceitação racional e livre de certas regras de jogo que dizem respeito à liberdade de todos, como explica Simmel no presente contexto. (N.E.A.)

moral, "sem levar em consideração a pessoa", e a igualdade perante a lei moral se cumprem na exigência de que se deve pensar a própria ação sem contradições como o modo de ação de todos.

A igualdade gera a fonte de toda ética e seu conteúdo. A personalidade responsável por si mesma, que se mantém absolutamente em si mesma, é aquela cuja ação se justifica eticamente pelo direito de todos à mesma ação. E há mais: somente o homem livre é moral, como apenas o homem moral é livre – porque somente *sua* ação possui aquele caráter de lei geral que é efetiva exclusivamente no eu autônomo e livre de influências. Desse modo, o conceito de individualidade do século XVIII, com sua ênfase na liberdade pessoal, que não exclui – ao contrário, inclui – a igualdade, porque a "verdadeira pessoa" é a mesma em qualquer homem circunstancial, encontrou sua perfeição abstrata em Kant.

— O século XIX

No século XIX, esse conceito se separa em dois ideais que poderiam ser definidos, de maneira muito genérica e com muitas reservas, como as tendências à igualdade sem a liberdade e à liberdade sem igualdade.

O socialismo

A primeira tendência é característica do socialismo, embora sem esgotá-lo, porém com um significado mais profundo que o atribuído pela maioria de seus representantes. À medida que estes recusam energicamente o nivelamento mecânico, se equivocam a respeito do papel que a ideia de igualdade sempre desempenhará na formação dos ideais socialistas. A socialização dos meios de produção pode, como sempre salientei, trazer à tona muitas diferenças individuais que no momento estão atrofiadas pela integração no nível de uma classe, e pela carência de educação, pelo excesso de trabalho, pela penúria e pelas preocupações. Todavia, a condição atual iria se transformar, em todo caso, em direção a um sensível nivelamento da situação econômica se fossem eliminados os privilégios e as desvantagens não merecidos, concedidos por nascimento, conjunturas de mercado, acumulação de capital, valor desigual da mesma quantidade de trabalho etc.

Segundo a teoria socialista, dada a estrita dependência que existe entre status econômico e status cultural, a relativa equiparação no primeiro faria com que isso se refletisse no segundo, gerando um equilíbrio completo do plano pessoal. Mas o elemento principal é que as diferentes medidas de nivelação, dadas de acordo com os respectivos programas socialistas, significam somente as oscilações da *teoria* em torno do ideal de igualdade, ideal que é um dos grandes traços característicos da humanidade. Sempre haverá um tipo de pessoa cujas noções relativas a valores sociais compactuam com a ideia da igualdade de todos, pura e simplesmente, por mais que esse ideal seja nebuloso e impensável em uma situação particular – da mesma maneira que, para um outro tipo, a diferença e a distância componham um valor derradeiro, irredutível e autojustificado da forma social de existência.

Caso um líder socialista afirmasse que todas as medidas socialistas, mesmo as que se apresentam externamente como coação, têm por objetivo o desenvolvimento e a segurança da personalidade livre – como se a instituição do máximo de trabalho diário fosse simplesmente uma proibição de renunciar à liberdade pessoal por mais do que um determinado número de horas, por exemplo –, essa medida corresponderia à proibição de se vender permanentemente em uma escravidão pessoal. Esse tipo de argumento mostra que o socialismo ainda se situa dentro do individualismo do século XVIII e de seu conceito esquemático de liberdade.

Talvez nenhum ser humano empírico seja guiado *exclusivamente* por uma ou outra dessas duas tendências; talvez fosse totalmente impossível a realização absoluta de uma ou de outra. Isso não evita que elas sejam os tipos fundamentais de diferenças de caráter em suas manifestações sociais. Ali onde existe uma das duas, não será possível convencer, com razões pertinentes, seu portador a mudar de opinião; porque essa tendência não se produz a partir de reflexões sobre a adequação com relação a fins de uma meta mais elevada – por exemplo, a felicidade geral, ou o aperfeiçoamento pessoal, ou, ainda, a racionalização da vida –, por mais que seja posteriormente apresentada como tal para a consciência. Ela é antes a instância derradeira sobre a qual se erguem todas as demais intenções, decisões, deduções. Expressa a essência do homem, a substância de sua essência. A relação dele com seu semelhante é, às vezes, algo tão importante, fundamental e abrangente que a decisão sobre ser igual ou diferente dos outros, sobre querer ser igual ou diferente dos outros – em particular ou em princípio –, deverá vir do fundamento mais profundo de sua essência.

Parece-me que os socialistas retiram a maioria de seus adeptos, pelo menos os mais fanáticos deles, do seio dessas naturezas que tendem ao ideal universal de igualdade. Mas é muito complicada a ligação entre a relativa igualdade de um sistema socialista e a liberdade. Ela pressupõe uma ambiguidade típica, com a qual a diferenciação das classes muito frequentemente dita influências ou reformulações gerais que dizem respeito à totalidade. À medida que o desenvolvimento e as condições de vida dos grupos são extremamente diferentes, qualquer mudança suscitaria resultados extremamente diferentes para esses grupos – talvez até resultados diametralmente opostos. A mesma medida de equalização geral que garantiria uma grande parcela de liberdade ao trabalhador oprimido pelas agruras do trabalho assalariado, e que vive sob a constante ameaça da fome, deveria significar para o empresário, para o arrendatário, o artista, o erudito e para as pessoas que orientam a ordem vigente uma limitação considerável e proporcional de suas liberdades.

Semelhante dualismo sociológico formal gera cisão na questão das mulheres: a mesma liberdade para a produtividade econômica almejada pelas mulheres das camadas superiores, para que obtenham uma autonomia sólida e possam desenvolver suas forças satisfatoriamente, é, para as operárias da fábrica, a mais terrível barreira no cumprimento de seus deveres e na busca da felicidade como esposas e mães. A suspensão das barreiras entre casa e família, em duas camadas distintas de classe, resulta em uma total diferença de valores em termos de efeitos. Para recapitular, no movimento socialista, a síntese de liberdade e igualdade foi modificada pela ênfase na igualdade, e somente o fato de que a classe cujos interesses o socialismo representa poderia experimentar a igualdade *como* liberdade – pelo menos em um primeiro momento da equalização socialista – explica por que o socialismo evitou o antagonismo desses dois ideais.

Mas certamente o sacrifício da liberdade que o socialismo imporia a certas camadas sociais poderia ser apenas um fenômeno transitório, que existiria somente enquanto os efeitos posteriores da atual situação ainda dessem espaço para sentimentos de diferença. Porém, diante da já mencionada dificuldade de conciliar liberdade e igualdade, não resta ao socialismo senão recorrer a uma *adaptação* à igualdade, a qual, entendida como satisfação geral, reduziria também os desejos de liberdade, que a ultrapassam. Por isso, a invocação da adaptação como remédio para todos os males já é por si mesmo questionável, porque se presta a possibilidades opostas entre si. De maneira não menos plausível, seria lícito afirmar que os instintos de liberdade provenientes de *diferenças* sociais poderiam se adaptar a cada redução da quantidade absoluta dessas diferenças. Posto que nossas sensações, por natureza, dependem incondicionalmente de *diferenças de estímulos*, as diferenças individuais, após um curto período de adaptação, iriam se adequar às menores diferenças de situação, uma vez que mesmo o estado socializante não pode eliminar as paixões totalmente inevitáveis do desejo, da inveja, do domínio e do sentimento de opressão.

Em face dessa estrutura psicológica do ser humano, mesmo na igualdade que se tenha obtido em grau máximo, o abuso da liberdade à custa dos outros acabaria por encontrar um campo frutífero e inescapável de expansão. E mesmo que se entendesse a igualdade somente no sentido da justiça, o fato de que as instituições sociais proporcionam a cada qual uma certa quantidade de liberdade, mas sem igualdade constante e mecânica, e sim na proporção exata de seu significado qualitativo, a igualdade seria assim irrealizável – ainda mais por conta de um fato raramente salientado, mas que possui significado profundo para a relação entre o indivíduo e a sociedade. Enquanto, por razões técnicas, toda vida social exige uma hierarquia de sobreordenação e subordinação, e, sob esse pressuposto, a igualdade entendida como justiça só pode

108 Questões fundamentais da sociologia

significar que a qualificação pessoal corresponda exatamente ao lugar ocupado naquela hierarquia, essa proporção se torna impossível por princípio, e até por uma razão muito simples: é cada vez maior o número de pessoas capacitadas para ocupar os postos superiores.

Dos milhões de súditos de um príncipe, há certamente vários que poderiam ser príncipes tão bons ou melhores que o príncipe de fato; entre os trabalhadores de uma fábrica, há muitos que poderiam ser empresários ou administradores tão bons quanto os que de fato o são; dentre os soldados rasos há muitos que possuem plenamente, ou ao menos em latência, as qualificações para oficial. Aqui reside a verdade do ditado: Deus dá o frio conforme o cobertor.

O "entendimento" exigido para o preenchimento de postos superiores existe em muitos seres humanos, mas esse entendimento só se comprova, desenvolve e revela quando esses homens ocupam tais postos. Vamos lembrar apenas os acidentes grotescos pelos quais os seres humanos, em todas as esferas, chegaram às suas posições. Seria um milagre incompreensível que não aparecesse, para o preenchimento dessas posições, um número não muito maior do que a real soma de incapacidades, se não fosse necessário supor que justamente as capacidades para as posições existem em grande abundância. Essa incomensurabilidade entre a quantidade dos capacitados para ocupar cargos superiores e sua possível realização se explica talvez pela diferença entre o caráter dos seres humanos como seres de grupo e como indivíduos, o que já foi discutido nestas páginas.

O grupo enquanto tal é de baixo nível e carente de liderança porque os indivíduos como um todo apresentam somente os lados de sua personalidade comuns a todos, por mais que sejam os mais rudes, primitivos e "subordinados". Assim que os homens se associam em grupos, é conveniente que todo o grupo se organize na forma da subordinação a uns poucos. Isso não evita, contudo, que cada membro desse grupo tenha qualidades mais elevadas e aprimoradas. Estas, porém, são exatamente as qualidades mais individuais, elas seguem em *diferentes* direções e são todas irrelevantes para qualquer posse comum do grupo. Também colaboram para o nível baixo daquelas qualidades, nas quais certamente todos se encontram. Resulta dessa relação que o grupo, como um todo, necessite de um líder – e também que deve haver muitos subordinados e somente poucos dominadores. Por outro lado, cada integrante individual do grupo está mais bem qualificado, ou, para ser mais específico, é mais capacitado para um posto de liderança do que para ser um simples membro de um grupo.

Também na estrutura social segue-se o princípio fundamental: muitos são os chamados, mas poucos os eleitos. O sistema real e a ordem estamental são cumpridos com essa antinomia, sobrepondo as classes de maneira piramidal, com um número cada vez menor de integrantes por meio dos quais limitam *a priori* o número dos postos de liderança "qualificados". Ficaria impossível satisfazer o princípio da igualdade de direito para todos. A ordem estamental e de classe faz uma seleção previamente limitadora, que não se dirige ao indivíduo, mas, ao contrário, o prejudica.

É questionável se uma ordem socialista finalmente seria capaz de escapar de tal *a priori* da sobreordenação e subordinação. Nela deveria, por um lado, sob o princípio da eliminação das possibilidades acidentais, ser decisiva somente a capacidade para obter a posição; por outro lado, cada capacidade se desenvolve de modo "livre", isto é, deve encontrar seu lugar adequado. Em consequência disso, e a partir do que acabou de ser discutido, deveria haver mais dominadores que subordinados, mais aqueles que dão ordens que aqueles que as executam.

Se a liberdade, no sentido social, se refere à expressão adequada de qualquer medida individual de força e importância na configuração de líderes e seguidores no âmbito de um grupo, então ela está excluída de antemão. O conflito entre a totalidade individual do ser humano e sua natureza como elemento de grupo torna impossível a proporção harmoniosa entre qualificação pessoal e social. Também impossibilita a síntese entre liberdade e igualdade. Esse conflito também não pode ser eliminado numa ordem socialista, mesmo porque não faz parte dos pressupostos *lógicos* da sociedade.

O novo individualismo: a incomparabilidade do individual

Diante da relação já inúmeras vezes abordada entre socialismo e liberdade individual, limito-me a tecer algumas observações fragmentárias para, em seguida, esboçar o modo peculiar do individualismo que desfez a síntese do século XVIII – com sua fundamentação na igualdade a partir da liberdade e da liberdade a partir da igualdade. No lugar dessa igualdade, que correspondia à essência mais profunda do ser humano, e que, por outro lado, ainda *deve* ser realizada, coloca-se a desigualdade – que, assim como a igualdade no século XVIII, a desigualdade do século XIX só exige a liberdade para emergir de sua latência e da potencialidade para dominar toda a vida humana. A liberdade permanece o denominador comum mesmo que seu termo correlato agora seja o oposto do que sempre fora.

Tão logo o eu se fortificou suficientemente no sentimento de igualdade e universalidade, ele buscou mais uma vez a desigualdade, mas somente aquela estabelecida de dentro para fora. Primeiro houve a liberação do indivíduo com relação aos laços apodrecidos de corporações, nascimento e Igreja. Agora o indivíduo que se tornou autônomo também quer se diferenciar *dos outros*: não se trata mais de ser um indivíduo livre, e sim que esse indivíduo seja específico e insubstituível.

A tendência moderna de diferenciação chega assim a um ponto tal que desmente sua primeira forma, sem que essa contraposição gere equívocos a respeito da identidade do impulso fundamental. Este atravessa toda a modernidade, permanecendo o mesmo: o indivíduo busca *a si mesmo* como se ainda não se possuísse, e ainda assim está seguro de ter em seu eu o único ponto sólido. Dada a inaudita expansão do horizonte teórico e prático, é bastante compreensível que o indivíduo deseje de maneira sempre urgente atingir esse ponto, mas que não possa encontrá-lo em nenhuma instância fora de si mesmo. A dupla necessidade de clareza isenta de dúvidas e de um caráter enigmático misterioso que o desenvolvimento espiritual do homem moderno cindiu cada vez mais aquietou-se, na personalidade, como se fosse algo harmônico; certamente as forças psicológicas do socialismo vêm, de um lado, do racionalismo e de suas demonstrações conceituais; e, de outro, de um instinto totalmente obscuro, de um possível comunismo atávico.

Todas as relações com os outros são, ao fim e ao cabo, somente estações de um caminho pelo qual o eu chega a si mesmo. Isso pode acontecer por dois motivos. O eu pode sentir que é parecido com os outros porque, se ficarem a sós consigo mesmos e suas próprias forças, ainda precisariam dessa consciência auxiliar e encorajadora; ou, ao contrário, ele pode ser forte o bastante para partir da unicidade de suas qualidades, e perceber que a única razão para que haja uma multiplicidade de indivíduos é a possibilidade de que cada componente individual meça a individualidade de seu mundo com relação ao mundo dos outros.

Essa tendência de individualização conduz historicamente, como já indiquei, de um ideal de personalidade totalmente livre e responsável por si mesma, mas sobretudo igual às outras, até um outro ideal que, de acordo com sua essência mais profunda, é uma individualidade incomparável, chamada a cumprir seu papel somente por intermédio *dela mesma*. No século XVIII já se faz sentir esse ideal em Lessing, Herder e Lavater; o culto cristão deste último pode ser atribuído à sua ânsia de individualizar o próprio Deus, e a intensificação desse culto se deu pelo desejo de criar novas imagens de Cristo.

Essa forma do individualismo adquire sua primeira configuração plena na obra *Wilhelm Meister*, de Goethe.[*] Nos *Anos de aprendizagem* é pela primeira vez esboçado um mundo que se ergue plenamente sobre a singularidade de seus indivíduos e que se organiza e desenvolve a partir destes – isso sem considerar o fato de que os personagens são entendidos como tipos. Por mais que se repitam na realidade, persiste o sentido interior de que cada um, em seu fundamento último, é diferente do outro com o qual esbarra por força do destino; e de que a *ênfase* da vida e do desenvolvimento não está posta no igual, mas no que é absolutamente próprio. Nos *Anos de viagem*, o interesse dos seres humanos se

---

[*] Romance de Johann Wolfgang von Goethe, dividido em duas partes: *Anos de aprendizagem de Wilhelm Meister* e *Anos de viagem de Wilhelm Meister*. (N.T.)

dirige à humanidade – não no sentido do homem abstrato em geral, que vimos predominar no século XVIII, e sim no sentido da coletividade, da totalidade concreta do gênero vivo.

É extremamente interessante verificar como aquele individualismo que se dirige para a incomparabilidade e singularidade qualitativas se faz valer, em base, desse interesse. Não é a personalidade, em sua integração com a sociedade, que é avaliada pela exigência da especificidade, e sim a *contribuição* objetiva da personalidade para a sociedade. "Agora se diz que são estúpidas vossa cultura geral e todas as instituições que a sustentam. Que um homem realize *algo* de excelência, como um outro não o faria facilmente, é disso que se trata agora."

Toda essa convicção é o oposto absoluto da personalidade livre e igual, que Fichte certa vez formulou da seguinte maneira, sintetizando em uma frase toda uma corrente espiritual: "Um ser racional deve ser pura e simplesmente um indivíduo, mas não exatamente este ou aquele indivíduo concreto" – e na exigência de que o eu individual e diferentemente determinado se desenvolva, no processo moral, até alcançar um eu puro e absoluto, ou seja, a cristalização filosófica do "homem universal" do século XVIII. Como que em uma antítese extrema, Friedrich Schlegel entendeu o novo individualismo por meio da seguinte fórmula: "Justamente na individualidade se acha o originário e o eterno do homem; à personalidade não se deu muita importância. Dedicar-se ao cultivo e ao desenvolvimento dessa individualidade como a mais alta vocação seria um egoísmo divino."

Esse novo individualismo encontrou em Schleiermacher seu filósofo. Para ele a tarefa moral consiste exatamente no fato de que cada um represente a humanidade de uma maneira *específica*.

114 Questões fundamentais da sociologia

Se cada indivíduo é um "compêndio" de toda a humanidade, e, olhando-se para mais adiante, uma síntese das forças que formam o universo, no entanto, cada um dá forma a todo esse material comum em uma figura totalmente única, e aqui, tanto como na concepção anterior, a realidade é ao mesmo tempo uma prescrição do dever fazer: o ser humano não é incomparável somente como um ser que já existe, posto em uma moldura que só pode ser preenchida por ele, mas, visto por outro lado, é a efetivação dessa incomparabilidade, e preencher seu próprio limite é sua tarefa *ética*, e cada um tem *vocação* para realizar sua própria e exclusiva imagem originária.

O grande pensamento da história mundial, segundo o qual não somente a igualdade dos seres humanos, mas também sua diferença, é uma exigência ética, torna-se em Schleiermacher o eixo central de uma visão de mundo; por meio da concepção de que o absoluto só vive na forma do individual, de que a individualidade não é uma limitação do infinito, e sim sua expressão e seu reflexo, o princípio social da divisão do trabalho ganha raízes profundas no fundamento metafísico das coisas. Sem dúvida alguma, as diferenças que atingem as últimas profundezas da natureza individual têm um suave traço místico-fatalista ("Assim precisa ser, tu não podes escapar de ti mesmo. *Assim disseram as Sibilas, assim disseram os profetas*"). Por esse motivo, precisaram permanecer estranhas ao claro racionalismo da época do Iluminismo, ao passo que, justamente por meio desses traços, tornaram-se sugestivas para o Romantismo, com o qual Schleiermacher manteve relações estreitas.

Para esse individualismo – poder-se-ia denominá-lo qualitativo com relação ao individualismo quantitativo do século XVIII, ou ainda chamá-lo de individualismo da unidade (*Einzigheit*), em contraposição ao individualismo da solidão (*Einzelheit*) –, o Romantismo foi o canal mais amplo através do qual fluiu a consciência do século XIX. Assim como Goethe fez com a arte e Schleiermacher com a metafísica, esse Romantismo propiciou ao individualismo as bases do sentimento, da vivência. Os românticos foram os primeiros, depois de Herder (embora neste também se deva procurar uma fonte do individualismo qualitativo), a ambientar-se na especificidade e na univocidade das realidades históricas; eles sentiram profundamente o direito e a beleza da menosprezada Idade Média e do Oriente que a cultura ativista da Europa liberal desdenhava. Nesse sentido, Novalis quer que seu "espírito único" se transforme em muitos outros, e diz que o espírito "se oculta da mesma maneira em todos os objetos que ele observa, e sente os infinitos e simultâneos sentimentos de uma pluralidade sinfônica".

Mas o romântico experimenta, sobretudo no âmbito de seu ritmo *interior*, a incomparabilidade, o direito especial, a precisão, o contraste qualitativo de seus elementos e momentos que essa forma de individualismo também vê entre as partes constituintes da *sociedade*. Aqui Lavater se mostra um precursor interessante: sua fisiognomia por vezes se arraiga de tal modo no elemento especial dos traços internos e externos dos seres humanos que às vezes ele não consegue retornar ao *todo* da individualidade, permanecendo assim apegado ao interesse pelos traços individuais e singulares. O espírito romântico também sente plenamente uma sequência infinita de contrastes, das quais cada uma aparece no momento de sua vivência como absoluta, pronta e autossuficiente, para então ser superada no momento seguinte, gozando plenamente o si mesmo de cada uma somente em seu ser diferente com

116 Questões fundamentais da sociologia

relação à outra. "Quem somente se agarra a um ponto não passa de uma ostra racional", diz Friedrich Schlegel. A vida do romântico transpõe para a sequência multiforme de seus contrastes entre disposições de alma, vocação, convicção e sentimento a simultaneidade da imagem social, na qual cada um encontra o sentido de sua existência – tanto individual quanto social – por meio de sua diferença diante dos outros, pela singularidade pessoal de sua essência e de suas atividades.

Essa concepção – e a tarefa do indivíduo, em sua versão puramente societária – aponta claramente para a produção de um todo maior construído a partir dos elementos diferenciados. Quanto mais específico for o esforço (mas também as necessidades) dos indivíduos, mais necessária se torna sua ação recíproca; na mesma medida, o organismo total que surgiu do indivíduo engajado na divisão de trabalho, que inclui e mediatiza a engrenagem de seus efeitos e contraefeitos, se eleva acima deles. A especificidade dos indivíduos exige assim uma poderosa constituição política que lhes outorga um lugar, mas que, no mesmo movimento, se torna sua dona. Por isso esse liberalismo (limitando sua liberdade ao sentido puramente interior) facilmente se converte em uma tendência antiliberal e forma assim a plena contrapartida do individualismo do século XVIII, que, a partir de seus indivíduos atomizados e por princípio definidos como indiferenciados, não chegou a formar uma ideia de totalidade entendida como organismo unificador de indivíduos diversos. O que mantinha juntos esses elementos livres e iguais era exclusivamente a *lei* situada acima de todos, e cuja função era restringir a liberdade de cada qual até onde pudesse coexistir com a liberdade do outro; uma lei cujas madrinhas eram a legalidade de uma natureza mecanicamente construída e a lei no sentido do direito romano. De ambos esses lados escapa desse individualismo a imagem concreta e social da vida, que não pode ser uma soma de indivíduos isolados e iguais, e sim algo que se erga sobre os efeitos recíprocos das partes componentes, elevando-se acima das mesmas como uma unidade que não se encontra *pro rata* nos indivíduos.

A doutrina da liberdade e da igualdade é o fundamento histórico-espiritual da livre concorrência; e a doutrina das diferentes personalidades é o fundamento da divisão do trabalho. O liberalismo do século XVIII põe o indivíduo sobre seus próprios pés, e ele deve progredir à medida que se sustenta. A teoria afirmou que a constituição natural das coisas cuidaria para que a livre concorrência entre os indivíduos levasse à harmonia de todos, que o todo se sairia melhor numa situação em que os indivíduos buscassem vantagens sem qualquer parcimônia; esta foi a metafísica com a qual o otimismo natural do século XVIII justificava a livre concorrência.

Com o individualismo do ser outro, com o aprofundamento da individualidade que culminaria com a incomparabilidade tanto da essência quanto da realização para a qual o indivíduo tem vocação, se encontrou também a metafísica da divisão do trabalho. Os dois grandes princípios que atuam em conjunto na economia do século XIX, concorrência e divisão do trabalho, surgem então como projeções de aspectos filosóficos do indivíduo social; ou, ao contrário, como sublimação daquelas formas reais de produção econômicas; ou, o que talvez seja mais correto e mais pertinente no que diz respeito à possibilidade de fundamentar essa dupla direção das circunstâncias, elas surgem conjuntamente de uma dessas profundas mudanças da história que não podemos conhecer a partir de sua essência ou de seus motivos próprios, mas

118 Questões fundamentais da sociologia

somente a partir de seus fenômenos – que, por sua vez, se dão na mistura com as províncias singulares da vida, determinadas por seus conteúdos.

As consequências da concorrência irrestrita e da unilateralização dos indivíduos pela divisão do trabalho para a cultura interior certamente não permite dizer que elas sejam exatamente incrementadoras dessa cultura. Talvez haja, para além da forma econômica de cooperação desses dois grandes motivos sociológicos – os únicos até agora realizados –, uma forma mais elevada, que representaria o ideal velado de nossa cultura. Prefiro crer, porém, que, com a ideia da personalidade puramente livre e de personalidade puramente singular, ainda não se disse a última palavra sobre a individualidade; que o trabalho da humanidade ainda irá gerar, cada vez mais, formas novas, mais variadas, com as quais a personalidade se afirmará, comprovando assim o valor de sua existência. Se, em períodos felizes, essa multiplicidade vier a ser coordenada harmonicamente, a contradição e a luta daquele trabalho não representarão apenas um obstáculo, mas algo que irá conclamar os indivíduos a um novo desenvolvimento de suas forças e a novas criações.

Nota sobre esta edição

A versão original alemã desta obra está estruturada apenas em quatro capítulos, sem subtítulos. Pela sua utilidade como guia de leitura, adotamos a estruturação da versão para o inglês, organizada por Kurt Wolff, *The Sociology of Georg Simmel*, Nova York, The Free Press, 1950.

1ª EDIÇÃO [2006] 7 reimpressões

ESTA OBRA FOI COMPOSTA POR MARI TABOADA EM ADOBE GARAMOND E
GILL SANS E IMPRESSA EM OFSETE PELA GRÁFICA PAYM SOBRE PAPEL ALTA ALVURA
DA SUZANO S.A. PARA A EDITORA SCHWARCZ EM SETEMBRO DE 2021

A marca FSC® é a garantia de que a madeira utilizada na fabricação do papel deste livro provém de florestas que foram gerenciadas de maneira ambientalmente correta, socialmente justa e economicamente viável, além de outras fontes de origem controlada.